新时代
新闻党性研究

田学礼　史冬柏　著

辽宁人民出版社

©田学礼　史冬柏　2023

图书在版编目（CIP）数据

新时代新闻党性研究 / 田学礼，史冬柏著 . —沈阳：
辽宁人民出版社，2023.7
ISBN 978-7-205-10779-6

Ⅰ.①新…　Ⅱ.①田…　②史…　Ⅲ.①新闻—传播媒
介—党性—研究—中国　Ⅳ.①G219.2

中国国家版本馆 CIP 数据核字（2023）第 103903 号

出版发行：辽宁人民出版社
　　　　　地址：沈阳市和平区十一纬路25号　邮编：110003
　　　　　电话：024-23284321（邮　购）　024-23284324（发行部）
　　　　　传真：024-23284191（发行部）　024-23284304（办公室）
　　　　　http：//www.lnpph.com.cn
印　　　刷：辽宁新华印务有限公司
幅面尺寸：170mm×240mm
印　　张：17
字　　数：170千字
出版时间：2023 年 7 月第 1 版
印刷时间：2023 年 7 月第 1 次印刷
责任编辑：王　增
封面设计：G-Design
版式设计：▇▇新华制版中心
责任校对：吴艳杰
书　　号：ISBN 978-7-205-10779-6

定　　价：60.00 元

前　言

　　"治国犹如栽树，本根不摇则枝叶茂荣。"新闻舆论工作在党和国家事业发展中发挥着不可替代的重要作用。我们党历来高度重视新闻舆论工作，将其作为治国理政、定国安邦的大事来抓。特别是党的十八大以来，以习近平同志为核心的党中央高度重视党的新闻舆论工作，作出一系列重要论述，提出许多新思想新观点新要求，丰富和发展了马克思主义新闻理论。2016年2月19日，习近平总书记在党的新闻舆论工作座谈会上强调，"做好党的新闻舆论工作，事关旗帜和道路，事关贯彻落实党的理论和路线方针政策，事关顺利推进党和国家各项事业，事关全党全国各族人民凝聚力和向心力，事关党和国家前途命运"。这"五个事关"把我们党对新闻舆论工作重要性的认识提升到了一个新的高度。

　　新闻舆论工作的党性原则，是中国共产党的党性在新闻舆论工作中的具体表现，是党的新闻舆论工作的根本原则，是马克思主义新闻观的核心要义，是贯穿不同历史时期党的新闻舆论工作最鲜明的主线。坚持党性原则是做好党的新闻舆论工作的根本前提，是党的新闻舆论工作健康发展的根本保证。历史和实践表明，党性原则在任何时候任何情况下都不能动摇。习近平总书记多次强调，党的新闻舆论工作坚持党性原则，最根本的是坚持党对新闻舆论工作的领导。党和政府主办的媒体是党和政府的宣传阵地，必须姓党。可以说，在新闻舆论工作必须坚持的基本原则中，牢牢坚持党性原则始终是首要一条，是第一位的。

近年来，随着互联网和新媒体迅速发展，传播格局和舆论环境发生了深刻变化，坚持党性原则这一经典命题也不断遭遇到"过不过时""适不适用""有何必要""如何坚守"等一系列"灵魂的拷问"。从学术或理论层面讲，我们需要回答这样的问题，那就是进入新时代，如何理解和把握新闻党性原则？这一原则有什么时代内涵和特征，又有哪些新要求？面对新问题新挑战，在新闻实践中如何把握和体现党性原则？于是，新时代新闻党性研究这个课题就自然而然地摆在我们面前。从现实来看，这一课题同样具有强烈的紧迫性。比如，当今时代"舆论战"的激烈程度丝毫不亚于"贸易战""金融战""科技战"，可以说媒体间的你来我往背后往往是国家之间的较量、政党之间的较量，堪比没有硝烟的战场。西班牙资深记者哈维尔·加西亚就一针见血地指出，美国政府与媒体利用其强大的议题设置和主导能力，"引领"其他西方媒体，在全球范围内发起针对中国的"舆论战"，其做法是"好的一律不报""不好的添油加醋"。面对意识形态领域风险挑战，我们的媒体只有牢牢坚持党性原则，才能在大风大浪中站稳脚跟、旗帜鲜明，敢于亮剑、善于斗争。反之，一旦在党性原则上含糊了、摇摆了，就一定会自乱阵脚，不堪一击。再如，全媒体时代，自媒体和网络乱象丛生，严重影响了人们的思想和社会舆论环境。在众声喧哗中，我们需要有思想的"坐标系"、价值的"主心骨"，而这从根本上取决于对党性原则的坚持与坚守。无论渠道怎么改变、平台怎么拓展、形式怎么创新，只有把牢党性原则这个"定盘星"，才能把主流声音、主流价值的影响力做得越来越大，让正能量更强劲、主旋律更高昂。

踏合时代节拍、因应时代变化、把切时代需求、应答时代发问，对新时代新闻党性这一课题的研究，具有强烈的问题意识和鲜明的现实指向。本书坚持马克思主义世界观和方法论，运用马克思主义立场观点方法，力求对新时代新闻党性进行分析与综合、证明与叙述相结合的整体把握，主要有以下特点：首先，坚持历史性，就是立足当下，从"大历史"的视角出发进行研究。新时代是党史、新中国史的重要组成部分，既然研究的是新时代的新闻党性，就必然要追本溯源，探明在马克思主义新闻观的创立与发展过程中，新闻党性理论是如何一步步演变的，也就是对马克思恩格斯新闻思想、马克思主义新闻观的早期探索与实践、马克思主义新闻观的中国化、马克思主义新闻观在改革开放时期的继承发展、习近平总书记对马克思主义新闻观的新发展新贡献等不同阶段的新闻党性理论进行回顾和梳理，再现新闻党性理论的历史进程，反映新时代新闻党性理论的渊源和脉络。其次，突出逻辑性，就是阐明新时代新闻党性理论的科学体系与逻辑结构，在回顾和梳理的过程中，紧扣新时代新闻党性的时代内涵，做到"论从史出、以论包史"，展现史实细节却不陷入琐碎细节，而是提炼出观点，勾勒出大逻辑。实际上，就是体现逻辑与历史的统一。恩格斯指出，历史从哪里开始，思想进程也应当从哪里开始，而思想进程的进一步发展不过是历史过程在抽象的、理论上前后一贯的形式上的反映。理论的逻辑起点和进程应当与客观历史现实的发展进程相一致。这样一种逻辑与历史的统一是辩证思维方法的重要体现，也是我们进行课题研究所自觉遵循的原则。再次，体现比较性，就是在与西方新闻理论的对比中，廓清迷雾，澄清是非。对于新闻党性，在西方新闻观的理论观照下，会出现不少不同看法，尤其是会导致一些认识误区。因此，要科学解读新闻党性原则，对话和比较就成为不可回避的研究路径。在古希腊，亚里士多德和他的学生们调查了当时158个希腊城邦的历史和制度，并加以比较辨析，从而撰写出体系严密的《政治学》。希罗多德的《历史》和司马迁的《史记》都记载过各自己知世界不同文明区域的制度、文化、习俗，比较研究他们所处的文明与其他文明的异同。人们常说，真理越辩越明。在与西方新闻观的客观比较中，新闻党性理论的强大真理力量与实践力量才能得以更加真切地展现出来。最后，强化应用性，就是不仅讲清楚"为什么""是什么"，而且讲明白"怎么办""如何干"。只有真正应用于实践的理论，才能获得对自身真理性质的可靠检验；只有真正落实到实践之中的理论，才能具有持久的生命力。面对全媒体时代的种种境遇，特别是自媒体和网络给坚持党性原则带来的新挑战，必须指出应对之道、给出应对之策、拿出应对之法，切实有助于解决问题，这样的研究才有鲜活的时代感，才有针对性和实效性。

基于以上特点，本书紧紧围绕主题，分别对历史上的新闻党性、西方新闻观的表现与实质、社会常见的错误认识等内容进行了系统梳理和阐发，对新时代新闻党性理论的体系性架构做了重点论述，并积极运用近年来新闻媒体新实践新经验新做法等一手资料，把新闻党性问题放在历史与现实的纵深背景上考察，是理论解读、观点阐述同工作实践相结合所形成的最新成果，有力捍卫了社会主义新闻事业必须坚持党性原则这个基本观点。我们坚信，随着新时代新闻党性研究的持续深化，相关成果的不断丰富，所引发的共识、凝聚的力量也将不断增强，我们党的新闻舆论工作必定会进一步发挥"强信心、聚民心、暖人心、筑同心"的作用，引导广大人民群众更加坚定"四个自信"。

当前，在辽宁省委、省政府的坚强领导下，全省上下正团结一心，全力实施全面振兴新突破三年行动，大干三年、奋斗三年，以超常规举措打一场新时代的"辽沈战役"。实现三年行动目标任务，离不开新闻媒体的全力支持和全程参与，离不开新闻舆论工作者的鼓与呼。只要各级各类新闻媒体和广大新闻舆论工作者始终牢牢坚持党性原则，坚持正确政治方向，自觉当好党的政策主张的传播者、辽宁良好形象的推介者、媒体融合发展的引领者、助推振兴发展的建言者、追求卓越的奋进者，就一定能为实现辽宁全面振兴、全方位振兴营造良好舆论环境。我们相信，有志于这一目标的读者，都能从这本书中获得启迪。

2023年1月

目 录

前　言 ⋯⋯⋯⋯⋯⋯⋯⋯⋯⋯⋯⋯⋯⋯⋯⋯⋯⋯⋯⋯⋯⋯⋯⋯⋯⋯⋯⋯⋯ 001

第一章　源头活水：早期马克思主义经典作家的新闻党性观 ⋯⋯⋯ 001

　第一节　马克思、恩格斯鲜明提出"党性"概念 ⋯⋯⋯⋯⋯⋯⋯⋯ 006

　第二节　列宁明确提出并系统论述党报的党性原则 ⋯⋯⋯⋯⋯⋯ 018

第二章　一脉相承：马克思主义新闻观中国化的新闻党性说 ⋯⋯⋯⋯ 037

　第一节　革命和建设时期论新闻舆论工作坚持党性原则 ⋯⋯⋯⋯ 041

　第二节　改革开放新时期论新闻舆论工作坚持党性原则 ⋯⋯⋯⋯ 055

第三章　最新成果：中国特色社会主义新时代的新闻党性论 ⋯⋯⋯⋯ 081

　第一节　丰富内涵 ⋯⋯⋯⋯⋯⋯⋯⋯⋯⋯⋯⋯⋯⋯⋯⋯⋯⋯⋯⋯ 091

　　第二节　实践要求 ………………………………………… 117

第四章　正本清源：在澄清谬误廓清迷雾中唱响主旋律 …………… 155

　　第一节　回应社会舆论中的常见误区 …………………… 158

　　第二节　拨开西方新闻观的重重迷雾 …………………… 187

第五章　守正创新：媒体融合发展过程中的党性坚守 ……………… 209

　　第一节　全媒体发展给坚持党性原则带来的时代课题 ………… 215

　　第二节　全媒体时代坚持新闻党性原则的应对之道 ………… 227

结　语 …………………………………………………………… 257

后　记 …………………………………………………………… 261

第一章

源头活水：早期马克思主义经典作家的新闻党性观

党性原则是马克思主义新闻观的核心要义，也是党的新闻舆论工作的根本原则。早在2004年8月4日，习近平同志在浙江省委新闻宣传工作座谈会上就指出，"新闻的党性原则，是发展社会主义新闻事业的根本原则，是我们党代表和维护人民群众根本利益的本质要求"，"在当前，强调坚持新闻的党性原则，具有十分重要的意义"①。党的十八大以来，在不同时间、不同场合，习近平总书记一以贯之地强调新闻舆论工作的党性原则，并不断丰富发展新时代的新闻党性论。如，2016年2月19日，习近平总书记主持召开党的新闻舆论工作座谈会并发表重要讲话指出："在新的时代条件下，党的新闻舆论工作的职责和使命是：高举旗帜、引领导向，围绕中心、服务大局，团结人民、鼓舞士气，成风化人、凝心聚力，澄清谬误、明辨是非，联接中外、沟通世界。要承担起这个职责和使命，必须把政治方向摆在第一位，牢牢坚持党性原则，牢牢坚持马克思主义新闻观，牢牢坚持正确舆论导向，牢牢坚持正面宣传为主。"②通过梳理和研究可以发现，习近平总书记不仅鲜明提出、反复强调新闻舆论工作的党性原则，而且紧密结合世情、国情、党情，联系党员干部群众的思想实际和工作实际，针对国内外特别是社会上流行的思潮观念、带有苗头性倾向性的隐蔽观点，甚至是一些所谓的"敏感"话题，旗帜鲜明地阐明立场、划清界限、澄清认识，对究竟如何认识和践行这一根本原则指明了方向与路径，

---

① 习近平：《干在实处　走在前列——推进浙江新发展的思考与实践》，中共中央党校出版社2006年版，第308页。
② 习近平：《坚持正确方向创新方法手段　提高新闻舆论传播力引导力》，《光明日报》2016年2月20日，第1版。

提供了根本遵循。

　　我们研究新时代"新闻党性"这个概念、这个课题，重心当然放在新时代这个背景下，但还是要首先解决好"起点"的问题。该从哪里开始？从历史角度看，研究任何一个概念范畴，都首先要从它的起源入手，了解它的原初形态、本真含义，了解它的流变过程、演化进程，也就是了解概念范畴的"发生学""成长史"。如果不了解一个概念范畴"出生"时的样子，就不能很好地掌握它怎么"长成"今天这个样子。从逻辑层面看，研究一个概念范畴，也首先要从它的逻辑起点入手，从它的形式、内容、规定性入手，也就是进行概念范畴的定性研究、本质研究。我们知道，一个作为学术研究对象的真正有价值的概念范畴，绝不是空洞无味的语词，而是饱含活性和张力的"生命体""有机体"。因此，真正的概念范畴研究，必须从"起点""种子"开始，必然要求坚持历史与逻辑、思辨与事实相统一。唯有如此，我们对新时代新闻党性的研究，才会避免主观臆断、断章取义，才能得到一种贯通的、通透的理解和把握。

　　新时代新闻党性这项研究的起点在哪里？毫无疑问，自然是马克思、恩格斯共同创立的马克思主义理论。马克思主义是我们党在思想理论上的"老祖宗"，也就是理论渊源所在。我们常讲，无论发展到哪一步，坚持马克思主义"老祖宗"都不能丢。这就是说，我们研究党的一切事业进程，研究党的一切理论创新和实践创新，都只能而且必须从"老祖宗"那里出发，从源头活水处开始。就我们这个课题而言，众所周知，马克思、恩格斯并没有明确提出"新闻党性"概念，即便是"党性"这个概念，也没有过多论述，但这并不等于他们没有关于新闻党性的思想，因为从马克思、恩格斯开始，他们的办报、办刊思想与实践，就贯穿着明确的党性原则。可以说，马克思、恩格斯以有限的直接与间接阐述，同时以丰富的具体实践，贯彻了他们的党性观点，诠释了他们对党性的认识，展现了他们对党性的理解，证明了他们对党性的坚守。如1849年，在创办《新莱茵报·政治经济》的招股启事上，马克思这样写道："报纸最大的好处，就是它每日都能干预运动，能够成为运动的喉舌，能够反映出当前的整个局势，能够使人民和人民的日刊发生不断的、生动活泼的联系。"①这表明，马克思已经意识到新闻媒体的"喉舌"作用，而这一作用正是建立在党性原则基础上的。马克思认为，在阶级社会中，新闻媒体总要做某个阶层、阶级、党派、集团的"喉舌"，这里的根本区别不在于无产阶级是否该和资产阶级一样拥有自己的"喉舌"，而是在于无产阶级的"喉舌"一定与资产阶级的"喉舌"有着本质不同，因为只有前者才代表绝大多数人的利益。正是在这个意义上，马克思在《新莱茵报审判案》中说："报刊按其使命来说，是社会的捍卫者，是针对当权者的孜孜不倦的揭露者，是无处不在的耳目，是热情维护自己自由的人民精神的千呼万唤的喉舌。"②这样的例子在马克思、恩格斯的毕生实践中并不少见。可以看出，他们以对新闻阶级性的认识为前提，对无产阶级的新闻工作进行了丰富的实践探索，以具体生动的实践事实体现了他们的新闻党性观。

---

① 《马克思恩格斯全集》第十卷，人民出版社1998年版，第115页。
② 《马克思恩格斯全集》第六卷，人民出版社1961年版，第275页。

马克思、恩格斯之后，列宁作为卓越的马克思主义宣传家和报刊活动家，在新闻党性研究中值得格外重视。因为，从目前学术界主流观点来看，列宁正是明确提出"新闻党性"相关概念并系统构建相关宣传理论的第一人。正如学者郑保卫所言："这之前，马克思和恩格斯没有直接使用过'报刊党性'这个概念，他们通常是用'阶级性'和'党派性'来阐述党报的政治立场与思想倾向。是列宁第一个提出了'出版物的党性'的概念，并对其作了全面系统的论述，形成了他完整的'出版物的党性观'。这是列宁根据自己的办报经验所作的理论总结与概括，是他对马克思恩格斯新闻思想的创新和发展。"①这样看来，较之马克思、恩格斯，列宁的新闻党性观更为直接、更为明确，更为理论化、更具理论性。当然，纵观列宁的一生，他同样不乏丰富多彩、有声有色的报刊活动，也可以说通过具体实践诠释了他的新闻党性观。新中国成立后，在新闻领域，我们党把列宁主义同马克思主义一起作为思想指南，特别是格外重视把列宁新闻思想和苏联办报经验作为工作指导。因此，我们对"新闻党性"这一概念的起点研究，要求我们必然把聚焦点落在早期马克思主义经典作家的新闻党性观上，而早期马克思主义经典作家，在这里指的就是马克思、恩格斯与列宁。

我们对早期马克思主义经典作家新闻党性观的研究，并不是单纯的"好古"使然，做一些历史考据，也不是停留于简单的线性梳理。我们在

---

① 郑保卫：《论列宁新闻思想的历史贡献及当代价值——写在列宁诞辰150周年之际》，《国际新闻界》2020年第4期，第35—51页。

本章的专题研究，将马克思、恩格斯和列宁的观点还原到当时的时空场景，力求揭示不同观点所产生的时代背景、思想资源，阐明这些观点的历史合理性和逻辑必然性。也就是说，在基本的历史研究基础上，突出问题导向，坚持分析与综合相统一，力求廓清概念的基本内核、时代内涵，从而进一步阐明马克思、恩格斯和列宁的新闻党性观的不同侧重点、内在关联及区别。这样，我们就能更好地理解新时代新闻党性观的源头活水在哪，继承了哪些，又发展了什么，特别是为什么坚持、为什么创新，如何坚持、如何创新。

第一节 马克思、恩格斯鲜明提出"党性"概念

列宁曾指出，"如果要进行讨论，就必须把概念弄清楚"。①本书的主题是新时代新闻党性，其概念内核是"党性"，进而扩展出"新闻党性""新时代新闻党性"的概念。因此，厘清"党性"这一核心概念，自然成为全部研究的逻辑起点和前提条件。

"党性"是反映马克思主义政党的建设理论特质的一个重要术语，它最早源于经典马克思主义创始人。对此，学术界曾有过一些争议，如有的学者认为，马克思、恩格斯均没有使用过"党性"一词。但更多学者则认为，1845年恩格斯在《"傅立叶论商业的片段"的前言和结束语》中首次使用"党性"一词，并得出"恩格斯是第一个使用党性概念的革命导师"的

①《列宁全集》第二十八卷，人民出版社1990年版，第133页。

结论。在早期马克思主义经典作家那里，党性最初涉及的是哲学、理论层面的问题，表现为"哲学的党性""理论的党性"等形式。据一些学者考证，在《马克思恩格斯全集》中，作者直接使用"党性"一词主要有以下几处（按时间顺序列举）：

1845年下半年，恩格斯在《"傅立叶论商业的片段"的前言和结束语》一文中指出，"德国的'绝对的社会主义'真是可怜得怕人……这种社会主义，由于自己在理论领域中没有党性，由于自己的'思想绝对平静'而丧失了最后一滴血、最后一点精神和力量。可是人们却想用这些空话使德国革命，去推动无产阶级并促使群众去思考和行动！"[1]可以说，恩格斯在这里提出了"理论的党性"问题，这里的"党性"主要涉及的是理论层面的问题。

在这篇文章中，恩格斯使用了"党性"，但没有给出其具体内涵，只能根据上下文进行分析。在这里，恩格斯批评的"绝对的社会主义"，也就是当时所谓的"真正的社会主义"，而"党性"概念正是用来评价"德国的真正社会主义"这一思想的。因此，我们完全可以通过对这一思想的评价，来间接地"反向"把握到恩格斯对"党性"概念是怎么认识和运用的。在恩格斯看来，这种"绝对的社会主义""真正的社会主义"，在理论逻辑上依附于黑格尔哲学。马克思、恩格斯指出，"这些'社会主义

---

[1]《马克思恩格斯全集》第二卷，人民出版社1957年版，第659页。

者'，或者像他们自称的所谓'真正的社会主义者'，认为外国的共产主义文献并不是现实运动的表现和产物，而是纯理论的著作，这些著作像他们想象中的德国哲学体系一样，完全是从'纯粹的思想'中产生的"①。因此，这些"社会主义者"赋予自己这样的"使命"，即"揭示共产主义和社会主义的真理，揭示'绝对的社会主义'、'真正的社会主义'"②。但是，"他们并没有考虑到，这些著作即使在宣传某些体系，也是以实际的需要为基础的，是以一定国家的一定阶级的整个生活条件为基础的"③，"这些'真正的社会主义者'禁锢于德意志意识形态，因而不可能去考察现实的关系"④。作为德国小资产阶级的思想理论，"绝对的社会主义""真正的社会主义"只能沉溺于思辨领域，却没有勇气号召推翻旧的社会制度，彻底改造社会。对此，马克思、恩格斯深刻地分析道："它不再诉诸德国'思维着的精神'，而是诉诸德国'情感'。而这样做对于'真正的社会主义'来说是再容易不过的，因为它所关心的既然已经不是现实的人而是'人'，所以它就丧失了一切革命热情，就不是宣扬革命热情，而是宣扬普遍的人类之爱了。因此，它不是求助于无产者，而是求助于德国人数最多的两类人，求助于小资产者及其博爱的幻想以及这些小资产者的意识形态家，即哲学家和哲学学徒；总之，它求助于德国现在流行

①《马克思恩格斯文集》第一卷，人民出版社2009年版，第588页。
②《马克思恩格斯文集》第一卷，人民出版社2009年版，第589页。
③《马克思恩格斯文集》第一卷，人民出版社2009年版，第588页。
④《马克思恩格斯文集》第一卷，人民出版社2009年版，第588页。

的'平常的'和不平常的意识。"①由此可见，"绝对的社会主义""真正的社会主义"在政治立场上并不是立足于无产阶级的立场和根本利益，而是抽象地宣扬所谓的人类之爱，寄希望于所谓的社会各阶层的"合作"，惧怕工人阶级的阶级斗争。通过文本考察不难发现，这里所说的"党性"主要体现出政治立场、阶级立场的含义，指的是理论的批判性、战斗性、彻底性。正是由于缺乏鲜明的工人阶级立场，不具备彻底的批判性，不是一种战斗的理论而是一种妥协的理论，它便不能成为变革社会的力量，也就丧失了生命力。

1853年3月11日，恩格斯在写给马克思的信中写道："除克路斯以外，拉萨尔比他们所有的人都能干得多，这一点当哈茨费尔特伯爵的财产最终并入国家财产的时候，会特别明显地表现出来。他有他的怪癖，可是也有党性和抱负……"②

拉萨尔是德国早期工人运动活动家，德国工人联合会创始人。拉萨尔貌似批判资产阶级，但并非真正反对资产阶级，也并不主张消灭资本主义制度，这种批判究其实质是为了迷惑工人。对此，恩格斯揭露道，"1862年前，他实际上还是一个具有强烈的波拿巴主义倾向的、典型普鲁士式的庸

---

① 《马克思恩格斯文集》第一卷，人民出版社2009年版，第590页。
② 《马克思恩格斯全集》第二十八卷，人民出版社1973年版，第229-230页。

俗民主主义者"，但他"一定会在实际上背叛运动"①，"拉萨尔的全部社会主义在于辱骂资本家，而向落后的普鲁士容克献媚"②。由此可见，拉萨尔的言行是典型的机会主义，即"为了眼前暂时的利益而忘记根本大计，只图一时的成就而不顾后果，为了运动的现在而牺牲运动的未来"③。恩格斯先"抑"，说"他有他的怪癖"，后"扬"，说他"可是也有党性和抱负"，由此表明，"党性"是与"怪癖"相对的，是一个带有褒义的词。同时，这里的"党性"内涵重心似乎与第一处不尽相同，主要是指一种符合无产阶级立场的党员的品格、品质，实际上是将"党性"人格化了，也就是那种共产党人的人格特质，显然属于党员修养范畴。

1863年1月2日，马克思在致恩格斯的信中，对法国布朗基派抵制普鲁东派控制法国工人运动的企图给予充分肯定，指出：

在巴黎，在社会党内，党性和团结精神仍然占着统治地位。甚至像卡诺和古德肖这样的人，都声称在最近的运动中必须推崇布朗基。④

我们知道，普鲁东的社会主义理论是典型的小资产阶级社会主义理论。当时，形形色色的小资产阶级社会主义的共同点，就是在保留资本主义生产的前提下寻求工人阶级的解放。布朗基则是法国早期工人运动的重

① 《马克思恩格斯文集》第十卷，人民出版社2009年版，第604页。
② 《马克思恩格斯全集》第十六卷，人民出版社1964年版，第255-256页。
③ 《马克思恩格斯文集》第四卷，人民出版社2009年版，第414页。
④ 《马克思恩格斯全集》第三十卷，人民出版社1974年版，第305-306页。

要活动家，结合当时的历史背景看，普鲁东派打压法国工人运动，而布朗基派进行了坚决抵制。在这里，马克思肯定布朗基派的做法，并用"党性和团结精神"来给予评价，表明党性的侧重点不在思想理论层面，而在政治活动领域，更多地体现为政治活动中的阶级自觉。

从上述三处文本来看，马克思、恩格斯所提出的"党性"概念，主要是指政党的理论原则或政治立场、政治志向。由此，通过上述梳理，我们大体上可以了解马克思、恩格斯对于"党性"这一概念的使用，主要赋予了哪些基本内涵。从有限的文献中我们不难得出结论，马克思、恩格斯所使用的"党性"概念，与我们今天常用的"党性"概念，具有一定的时代性差异，毕竟，他们当时还不是主要从无产阶级政党的严格意义上论述无产阶级政党的品质和属性。正如有学者通过研究所指出的那样："党性"的术语确实源于马克思、恩格斯的经典文献，但实事求是地说，不能过于夸大马克思、恩格斯对这一术语的使用，因为他们对党性这一术语的使用并不频繁，内容也不稳定。他们所使用的党性，主要是指理论和政治活动的阶级性。我们通过文本梳理可以进一步引申这一判断，那就是尽管马克思、恩格斯明确提出过"党性"概念，但他们并没有在关于新闻工作的论述中提到这个概念，或者说，并没有明确将这个概念运用于论述新闻工作。因此，单纯从概念演化角度看，我们的确很难给马克思、恩格斯的"新闻党性"观下定义。但这是否意味着马克思、恩格斯就没有自己的"新闻党性"观呢？又是否意味着我们今天就不能依据他们对新闻工作的论述、结合他们对"党性"一词的理解和他们的办报实践，从而对他们的新闻党性观，做一番较为贴合历史情景、符合作者原意的解释呢？答案显然是否定的。

学界早有定论，"政治家办报"是马克思主义新闻观的高度概括和集中体现。众所周知，马克思主编过《莱茵报》，还和恩格斯一起创办了《新莱茵报》，他们将报刊实践活动作为无产阶级革命事业的重要组成部分。马克思认为，报纸的主编是政治家办报的关键性人物，应起重要作用，这样才能坚持报纸的正确的政治方向。马克思、恩格斯创立了马克思主义新闻观，提出"党报党刊是党的重要思想武器和政治阵地""党报党刊必须遵守和阐述党的纲领和策略""党报党刊应当真正代表和捍卫无产阶级和人民大众的利益"等著名论断，间接地表明了他们的新闻党性观，或者说，二人的报刊实践及上述著名论断，完全可以视为对马克思、恩格斯新闻党性观的生动诠释。

对于马克思、恩格斯的报刊实践，我们有必要做一点儿简单的了解或温习。在马克思的一生中，报刊活动占有重要位置。恩格斯曾在悼词中历数马克思一生所创办、编辑和撰稿过的报刊："最早的《莱茵报》（1842年），巴黎的《前进报》（1844年），《德意志—布鲁塞尔报》（1847年），《新莱茵报》（1848—1849年），《纽约每日论坛报》（1852—1861年），以及许多富有战斗性的小册子。"[1]1842年10月，24岁的马克思开始担任《莱茵报》主编，他以纸和笔为战斗武器，将报纸作为阵地，尖锐抨击当时德国社会的黑暗与腐朽。因招致普鲁士政府的不满和恐慌，1843年3

---

[1]《马克思恩格斯全集》第十九卷，人民出版社1963年版，第375页。

月，马克思被迫辞去主编职务，由此更加坚定地走向社会现实，开始革命运动。1844年2月，马克思与阿·卢格在巴黎合作创办了《德法年鉴》。这次编辑实践，让马克思完成了从革命民主主义向共产主义的转变，也让马克思从一个资产阶级的知识分子转变为一个无产阶级的知识分子。1848年2月24日，马克思、恩格斯的《共产党宣言》问世，标志着马克思主义的诞生。当天，法国二月革命取得胜利，无产阶级首次在社会革命中成为主导力量。3月5日，马克思接受法国临时政府的邀请，在被比利时政府驱逐出布鲁塞尔后来到巴黎。3月11日，马克思当选为世界上第一个共产党——共产主义者同盟中央委员会主席，恩格斯为委员。3月下旬，马克思、恩格斯制定了同盟在德国的具体政治纲领《共产党在德国的要求》，印成传单与刚出版的《共产党宣言》一起分发给回国的德国工人。4月6日，马克思、恩格斯和盟员德朗克同行回国。4月11日，他们到达普鲁士莱茵省。4月12日，他们参加恢复出版《莱茵报》的股东大会，在同盟科隆支部的支持下一举取得报纸的创办权。为了继承老《莱茵报》的传统，新报纸名称确定为《新莱茵报》，马克思为主编。6月1日，世界上第一家无产阶级日报，也是第一个共产党实际上的机关报《新莱茵报》诞生了。

下面引用几则原典原文的片段，用以考察马克思、恩格斯的报刊实践活动理念、原则。

共产主义者和卡尔·海因岑①

……党刊的任务是什么呢？首先是组织讨论，论证、阐发和捍卫党的要求，驳斥和推翻敌对党的妄想和论断。德国民主派刊物的任务是什么呢？就是从以下各个方面证明民主制的必要性：目前这种在某种程度上代表贵族利益的管理方式是不中用的，将使政权转到资产阶级手里的立宪制度是不完备的，人民只要不掌握政权就不可能改善自己的处境。因此，这种刊物应当说明，无产者、小农和城市小资产者（因为在德国，构成"人民"的正是这些人）为什么受官吏、贵族和资产阶级的压迫；应该说明，为什么会产生不仅是政治压迫而且首先是社会压迫，以及采取哪些手段可以消除这种压迫；它应该证明，无产者、小农和城市小资产者取得政权是采取这些手段的首要条件。其次，它应该探讨，立即实现民主制的可能性究竟有多大，党有哪些手段可以采取，当它还很软弱不能独立活动的时候，它应当联合哪些党派。所有这些任务，海因岑先生完成了一项吗？没有。他根本没有花费精力这样做。他没有向人民即无产者、小农和城市小资产者说明任何问题。他从来没有研究过各阶级和党派的情况。他所做的，就是在"揍它，揍它，揍它！"这个题目上玩弄花样……

卡·马克思和弗·恩格斯

给奥·倍倍尔、威·李卜克内西、威·白拉克等人的通告信②

①《马克思恩格斯全集》第四卷，人民出版社1958年版，第300—301页。
②《马克思恩格斯全集》第十九卷，人民出版社1963年版，第189—190页。

……至于我们，那末，根据我们的全部经历，摆在我们面前的只有一条路。将近四十年来，我们都非常重视阶级斗争，认为它是历史的直接动力，特别是重视资产阶级和无产阶级之间的阶级斗争，认为它是现代社会变革的巨大杠杆；所以，我们决不能同那些想把这个阶级斗争从运动中勾销的人们一道走。在创立国际时，我们明确地规定了一个战斗口号：工人阶级的解放应当是工人阶级自己的事情。所以，我们不能和那些公开说什么工人太缺少教育，不能自己解放自己，因而应当由博爱的大小资产者从上面来解放的人们一道走。如果党的新机关报将采取适合于这些先生们的观点的立场，如果它将是资产阶级的报纸，而不是无产阶级的报纸，那么很遗憾，我们只好公开对此表示反对，并结束我们一向在国外代表德国党的时候所表现出来的和你们的团结一致。但愿事情不至于弄到这种地步……

就"工人报"改为日报一事给奥地利工人的贺信①

在每一个党、特别是工人党的生活中，第一张日报的出版总是意味着大大地向前迈进了一步！这是它至少在报刊方面能够以同等的武器同自己的敌人作斗争的第一个阵地。这个阵地你们已经为自己占领了；现在的问题是要占领第二个阵地：选举权、议会。如果你们能以最近十五个月内所显示的那种才能来利用日益有利于你们的政治形势，如果你们善于及时地采取坚决行动，可是又同样及时地（这常常是必要的）等待时机，也就是

①《马克思恩格斯全集》第二十二卷，人民出版社1965年版，第590页。

使情况对你们有利，那末在这方面你们也能保证取得胜利。

祝每日出版的"工人报"顺利和成功。

马克思、恩格斯的报刊实践如何体现党性原则？我们知道，马克思的党报思想是在他创办《新莱茵报》的实践过程中开始形成的。以《新莱茵报》为例，这份报纸始终贯穿和体现出无产阶级的坚定党性。对此，恩格斯曾在文章中指出："1848年6月巴黎工人起义的时候，我们正守在自己岗位上。从第一声枪响，我们便坚决站到起义者方面。他们失败以后，马克思写了一篇极其有力的论文向战败者致敬。这时最后一些股东也离开了我们。但是，使我们感到满意的是，当各国资产阶级和小市民对战败者施加醒醐诽谤的时候，在德国，并且几乎是在全欧洲，我们的报纸是高高举着被击溃了的无产阶级的旗帜的唯一报纸。"[1]我们观察马克思、恩格斯的报刊实践不难发现，他们不是单纯地为了论战而论战，而是要通过报纸进行有效的政治宣传，把报纸当成贯彻党的政治路线的阵地，当成号召广大读者为彻底改变自身政治状况和社会状况而进行斗争的手段。因此，他们主张报纸主编必须坚持和把握好政治方向，高度重视舆论导向作用。

通过上述分析，我们可以坚信：马克思、恩格斯虽然没有系统论述新闻事业的党性原则，但他们在长期报刊实践中提出了关于报刊党性的一些基本问题，也讨论过报刊与政治、报刊与政党的关系，形成了对报刊党性原则的初步认识。概括起来，主要有以下方面内容：最好的报刊必须坚

---

① 《马克思恩格斯全集》第二十一卷，人民出版社2003年版，第24页。

持党的原则，否则必然背叛它所代表的阶级；党报党刊必须站在党的立场上高举旗帜前进，为党发声、为党服务，按照党的精神进行工作，遵守党的纲领进行宣传报道；党报党刊是党的重要政治阵地，同时也是重要的思想武器、批判的武器，是党存在和发展的一个重要标志；党报党刊必须坚持党的领导，具体而言，党组织要支持并监督党报党刊的工作；党报党刊必须对党负责、对人民负责，而这二者又是统一的……可以说，综合这些思想，我们大体可以从理论体系的层面把握马克思、恩格斯的新闻党性观。从理论实质来看，他们的新闻党性观最为核心的理念或原则，就是党报党刊的性质、功能、任务，从根本上取决于其所属阶级及其政党的政治需要，也就是说，无产阶级党报党刊当然是党的事业的有机组成部分，当然必须坚持党性原则，当然要自觉做党的喉舌，当然要积极完成党所赋予的新闻宣传任务。这一系列"当然"之所以成立，归根结底是因为党报党刊与政党阶级属性之间的决定关系。马克思、恩格斯以他们的报刊实践，身体力行地为无产阶级党报党刊确立了许多工作原则、开创了许多工作传统，为后来系统化的新闻党性理论的形成奠定了坚实的思想基础和实践基础，提供了理论指导和思想指南。马克思、恩格斯的新闻党性思想主要通过他们的报刊实践得以体现，尽管不够系统化、理论化，但无疑已经包含了我们今天新闻党性观的种子、萌芽，为这一思想的进一步确立、充实、发展、成熟、创新，奠定了坚实基础，置入了原初基因，提供了源头活水。

第二节　列宁明确提出并系统论述党报的党性原则

现在学术界基本已有定论，在无产阶级党报史上，第一个使用"党性"概念并对党报的党性原则作全面而系统论述的是列宁。从狭义上讲，正是从列宁开始，新闻党性观开始正式出场。

首先，我们还是要从把握列宁的党性观入手。19世纪90年代，列宁在《民粹主义的经济内容及其在司徒卢威先生的书中受到的批评》中指出："唯物主义本身包含有所谓党性，要求在对事变作任何评价时都必须直率而公开地站到一定社会集团的立场上。"①目前学术界考证普遍认为，这是他首次使用"党性"这个概念。在这里，党性的内涵与前面所述马克思、恩格斯所使用这一概念的内涵基本是一致的，着重强调理论与政治立场、阶级立场的关联性。应该注意到，这时列宁还没有正式把"党性"这个概念引入新闻领域。

20世纪初，列宁在《唯物主义和经验批判主义》中，进一步用"党性"这个概念来表达唯物主义和唯心主义的对立，这就逐步对党性的内涵进行了拓展，侧重表明党员对党的事业的一种自觉，更加突出了组织性的含义。党性的内涵特征，集中体现为鲜明的阶级立场、彻底的革命态度、严明的纪律要求、严密的组织保障、纯洁的政治品质，等等。正如有学者研究得出的结论：列宁对"党性"这一术语的使用是非常稳定的，在俄国

———————
① 《列宁全集》第1卷，人民出版社1984年版，第363页。

马克思主义政党不断发展壮大的过程中，列宁对于"党性"强调的重心也越来越从其理论立场转向了对于党的组织立场。当然，对于列宁来说，二者是统一的，理论上的党性是组织上的党性的基础，组织上的党性则是理论上的党性的政治体现。由此来看，列宁对于"党性"的认识大大地拓展了马克思、恩格斯对"党性"的认识和理解，标志着马克思主义政党的建设学说史上"党性"这一术语逻辑内涵的基本定型。

我们知道，列宁不仅是革命家、政治家，而且是卓越的马克思主义宣传家、报刊活动家。纵观列宁的一生，可以说，他始终把报刊看作宣传真理、动员群众、指导革命、组织斗争、健全组织、壮大队伍的强大思想武器，由他亲自创办、主编、参与编辑的革命报刊多达30余种。1905年，列宁根据同孟什维克的党报斗争经验，触及并深入论述了党报的党性问题。因此，我们的研究首先从了解孟什维克与布尔什维克的这段历史入手。

布尔什维克和孟什维克分别是"多数派"和"少数派"的俄语音译，两个派别都来自俄国社会民主工党（苏联共产党的前身）。1903年7月30日至8月23日，俄国社会民主工党第二次代表大会先后在布鲁塞尔和伦敦召开。各地的26个组织选出的代表共43名，经过激烈争论，通过了党纲、党章，选举了党的中央领导机关，确定《火星报》为党的中央机关报。由于代表成分比较复杂，会议在一些重大问题上产生了争议。在讨论党章的第1条文即党员资格时，出现了两种不同的看法。列宁提出来的草案是："凡承认党纲、在物质上支持党并亲自参加党的一个组织的人，可以作为党员";马尔托夫反对列宁提出的这个条文,他提出的是:"凡承认党纲并在党的机关监督和领导下为实现党的任务而积极工作的人,可以作为俄国社会民主工党党员。"①虽然这两个条文在字面上的差别只是"参加和不参加党的组织",但却包含原则性的分歧。列宁把党看作一个有组织的整体,只有每个党员都参加党的一个组织,才能保证全体党员都能够受到党的教育,形成高度的纪律性,才能保证党对每个党员的活动都能够进行切实的领导,使党成为一个统一的整体。但是马尔托夫的主张是一切愿意加入党的人都可以入党,不需要他们参加党的组织,不需要用党的纪律约束他们。列宁指出,马尔托夫是要把各色各样的人都变成党员,为一切涣散的、动摇的和机会主义的分子敞开大门。大会对这个问题有分歧,马尔托夫的主张占了优势,最终以28票对22票(1票弃权)通过了马尔托夫的条文,应该说这是俄国社会民主工党第二次代表大会的一个重大缺陷。不过,在选举党的领导机关时,由于几名反火星派的代表退出了大会,因此列宁和他的支持者占了多数。领导机关包括《火星报》编委会、中央委员会和总委员会。中央委员会的3人都属于"火星派"(列宁属于"火星派"的一员),《火星报》编委会的3人是普列汉诺夫、列宁和马尔托夫,总委员会的5人由中央委员会和《火星报》编委会各推选2人,另在大会选举第5名委员,结果由普列汉诺夫当选第5名委员和总委员会主席。这样在党中央的3个机构6位领导人中,"火星派"5位,占绝大多数,只有马尔托夫1人处于少数派。俄国社会民主工党在重建伊始就形成了两个派别,产生了布尔

①《列宁全集》第8卷,人民出版社1986年版,第238页。

什维克和孟什维克两个专有名词。

俄国社会民主工党二大期间围绕党章第1条所进行的斗争，本质上关系到建立一个什么样的党的问题。列宁主张建立一个集中统一、组织纪律严密、有坚强战斗力、革命的无产阶级政党，但如果按照马尔托夫的意见，无产阶级政党就变成了一个成分复杂、不定型、缺乏组织性和纪律性的政治团体。两种主张的冲突，以及二大之后孟什维克的派别活动，给俄国社会民主工党埋下了分裂的种子。孟什维克继续坚持每个同情党的人都可以自行宣布成为党员，而不用参加党的一个组织。他们把集中制说成是官僚主义和形式主义，认为它把党变成了由中央委员会当厂长的"大工厂"，把党员变成了"小轮子"和"小螺丝钉"，把集中制说成是在党内实行"农奴制"。为了进一步驳斥孟什维克的谬论，列宁在1904年2—5月写作了《进一步，退两步》一书，阐述无产阶级政党的组织原则，丰富和发展了马克思主义建党学说。他指出："党由工人阶级中最优秀、最忠于革命事业的人组成，他们是先进的有觉悟的；党只有成为由统一意志、统一行动、统一纪律团结起来的部队，才能起作用；党必须根据集中制组织起来，少数服从多数，下级组织服从上级组织；党是工人阶级一切组织中的最高形式，它与工会、合作社等有着严格的区别，党能够领导这些'其他一切组织'，并通过这些组织，去团结和组织群众。"他还强调，"无产阶级在争取政权的斗争中，除了组织，没有别的武器"。[1]列宁不希望俄国社会民主工党发生分裂，但孟什维克并没有同意他的耐心阐释以及讲和方

---

[1]《列宁全集》第八卷，人民出版社1986年版，第5—6页。

案，还操纵中央委员会通过决议，把一些布尔什维克开除出中央，扩大孟什维克的人数，并规定未经"批准"，列宁无权刊印任何东西，布尔什维克的刊物不能运回俄国。鉴于孟什维克的分裂活动日益加剧，为了摆脱党内的危机，列宁认为有必要召开党的第三次代表大会。经过列宁的有力推动，三大于1905年4月在伦敦召开，孟什维克拒绝参加，而是在日内瓦单独召开了自己的代表大会。布尔什维克召开的代表大会修订了党章，采用了列宁关于党员资格的表述，选举产生了中央委员会作为党的唯一领导中心等。孟什维克召开的代表大会提出俄国资产阶级革命应由资产阶级领导，反对武装主义，主张用和平方式改良沙皇制度，要让资本主义充分发展至无产阶级占人口大多数再进行社会主义革命等。很明显，孟什维克的路线是第二国际修正主义在俄国的翻版。

三大后，在俄国社会民主工党内部实际上形成了两条根本对立的路线。布尔什维克和孟什维克两派并存，在形式上同属一个党的局面一直持续到俄国社会民主工党第六次代表大会。除了两名孟什维克"取消派"代表，与会代表绝大多数是布尔什维克。六大重新确定了新的革命形势下的政治路线和策略方针，孟什维克被驱逐出党，从此布尔什维克成为了独立的马克思主义政党，称为俄国社会民主工党（布尔什维克），而孟什维克继续沿用俄国社会民主工党的名称。1918年在布尔什维克党的七大上，由列宁提议，把党的名称改为俄国共产党（布尔什维克），简称俄共（布）。1922年，苏联成立，1925年在十四大上，党的名称改为了全联盟共产党（布尔什维克），简称联共（布），1952年改为苏联共产党，简称苏共。在和孟什维克的斗争过程中，列宁系统阐述了马克思主义的建党学说，布尔什维克党在理论和组织上都更加成熟了。列宁后来指出："布尔什维主义作为一种政治思潮，作为一个政党而存在，是从1903年开始的。"布尔什维主义的出现，标志着新型无产阶级政党在俄国的建立，标志着列宁主义的诞生。①

　　重温这段历史，对于我们把握列宁的新闻党性观是十分关键的。因为正是在这样的背景下，列宁积极创办党报党刊，为宣传布尔什维克党的纲领主张和行动策略，组织和发动人民武装起义，建立无产阶级政权服务。俄国社会民主工党第二次代表大会以后，《火星报》被孟什维克控制，成为反对布尔什维克的派别报纸。在列宁的倡导下，党的机关报《前进报》于1905年1月在日内瓦正式创刊。之后，根据党的第三次代表大会决议，5月在日内瓦出版的《无产者报》代替《前进报》作为党中央机关报出版。11月，列宁根据当时国内斗争的需要，在彼得堡创刊了《新生活报》。1912年5月，在列宁倡议和领导下，《真理报》在彼得堡正式创刊。

　　列宁把"党性"与党报联系起来正是在这段时期发生的。列宁认为，宣传思想工作是党的全部事业的重要组成部分，宣传机构及其工作应当自觉接受党的领导和监督，一切报纸、杂志、出版社等都应当立即进行改组工作，以达到这样的目标，使它们根据这些或那些原则完全加入这些或那些党组织，宣传思想工作者必须站在党的立场上，按党纲、党章和党的策

―――――――――――

①何海根：《无产阶级政党在俄国的建立》，《学习时报》2021年2月8日，第3版。

略决议办事。其中，一个重要观点就是"创办政治机关报"。这个观点，恩格斯在1879年《致倍倍尔》的信中就已经提及，他认为党首先需要的是政治的机关报。1901年5月，列宁在给《火星报》写的《从何着手》一文中，首次明确提出了"创办政治机关报"的主张。

从何着手？[①]

（1901年5月）

"怎么办？"这个问题，近几年来特别突出地提到了俄国社会民主党人的面前。问题不在于选择道路（像80年代末90年代初那样），而在于我们在已经确定的道路上应当采取哪些实际步骤，到底应当怎么做。问题在于实际行动的方法和计划。斗争性质和斗争方法问题对于从事实际活动的党来说是一个基本问题；应当承认，这个问题在我们这里还没有解决，还有一些重大的意见分歧，这些分歧暴露出令人感到痛心的思想上的不坚定和动摇……

二三月事件的教训是很深刻的，现在大概不会有人在原则上反对这种结论了。可是现在要求我们的，不是在原则上而是在实际上解决问题。要求我们不仅懂得需要有什么样的组织来进行什么样的工作，而且要制定出一定的组织计划，以便能够从各方面着手建立组织。鉴于问题的迫切重要性，我们想提出一个计划草案来请同志们考虑。关于这个计划，我们在准备出版的一本小册子里将作更详细的发挥。

①《列宁全集》第5卷，人民出版社1986年版，第1—10页。

我们认为，创办全俄政治报应当是行动的出发点，是建立我们所希望的组织的第一个实际步骤，并且是我们使这个组织得以不断向深广发展的基线。首先，我们需要报纸，没有报纸就不可能系统地进行有坚定原则的和全面的宣传鼓动。进行这种宣传鼓动一般说来是社会民主党的经常的和主要的任务，而在目前，在最广大的居民阶层已经对政治、对社会主义问题产生兴趣时，这更是特别迫切的任务。现在比过去任何时候都更加迫切地需要进行集中的和经常的鼓动工作，用以补充靠个人影响、地方传单、小册子等方式进行的零散的鼓动工作；而要进行这种集中的和经常的鼓动工作，就必须利用定期的报刊。报纸出版（和发行）号数多少和是否按时，可以成为衡量我们军事行动的这个最基本最必要的部门是否坚实可靠的最确切的标准，这样说看来并不是夸大。其次，我们需要的是全俄的报纸。假使我们不能够用报刊上的言论来统一我们对人民和对政府的影响，或者说在我们还不能够做到这点以前，要想去统一其他更复杂、更困难然而也是更有决定意义的影响手段，那只能是一种空想。无论在思想方面，或者在实践、组织方面，我们的运动的缺点首先就在于自己的分散性，在于绝大多数社会民主党人几乎完全陷入纯粹地方性的工作中，这种地方性的工作会缩小他们的眼界和他们的活动范围，限制他们从事秘密活动的技能和水平的提高。因此，我们上面所说的那种不坚定和动摇的最深刻的根源，正是应当从这种分散性中去寻找。而为了克服这个缺点，为了把各个地方的运动合成一个全俄的运动，第一步就应当是创办全俄的报纸。最后，我们需要的报纸还必须是政治报纸。没有政治机关报，在现代欧洲就不能有配称为政治运动的运动。没有政治机关报，就绝对实现不了我们的任务——把一切政治不满和反抗的因素聚集起来，用以壮大无产阶级的革命运动。我们已经迈出了第一步，我们已经在工人阶级中间激起进行"经济"揭露，即对工厂进行揭露的热情。我们还应当再前进一步，在一切稍有觉悟的人民阶层中激起进行政治揭露的热情。不必因为目前政治揭露的呼声还显得无力、稀少和怯懦而感到不安。其所以如此，并不是因为大家都容忍警察的专横暴虐，而是因为那些能够并且愿意进行揭露的人还没有一个说话的讲坛，还没有热心听讲并且给讲演人以鼓舞的听众；他们在人民中间还完全看不到那种值得向它控诉"至高无上的"俄国政府的力量。而现在这一切都在极其迅速地变化着。这样一种力量现在已经有了，这就是革命的无产阶级。无产阶级已经证明它不仅愿意听从和支持政治斗争的号召，而且决心勇敢地投入斗争。现在我们已经能够并且应当建立一个全民的揭露沙皇政府的讲坛；——社会民主党的报纸就应当是这样的讲坛。俄国工人阶级与俄国社会其他阶级和阶层不同，它对政治知识经常是感兴趣的，它经常（不仅在风暴时期）迫切要求阅读秘密书刊。在有这样广泛的要求的条件下，在已经开始培养有经验的革命领导者的条件下，在工人阶级的集中化已经使工人阶级实际上成为大城市工人区、大小工厂区的主人的条件下，创办政治报已经成为无产阶级完全办得到的事情。而通过无产阶级，报纸还可以深入到城市小市民、乡村手工业者和农民中间去，成为真正的人民的政治报纸。

但是，报纸的作用并不只限于传播思想、进行政治教育和争取政治上的同盟者。报纸不仅是集体的宣传员和集体的鼓动员，而且是集体的组织者。就后一点来说，报纸可以比作脚手架，它搭在正在建造的建筑物周围，显示出建筑物的轮廓，便于各个建筑工人之间进行联络，帮助他们分配工作和观察有组织的劳动所获得的总成绩。依靠报纸并通过报纸自然而然会形成一个固定的组织，这个组织不仅从事地方性工作，而且从事经常的共同性工作，教育自己的成员密切注视政治事件，思考这些事件的意义及其对各个不同居民阶层的影响，拟定革命的党对这些事件施加影响的适当措施。单是技术上的任务——保证正常地向报纸提供材料和正常地发行报纸——就迫使我们去建立统一的党的地方代办员网，这些代办员彼此间要密切联系，了解总的情况，习惯于经常按时执行全国性工作中的各种零星任务，并组织一些革命行动以检验自己的力量。这种代办员网将是我们所需要的那种组织的骨干。这种组织，其规模之大使它能够遍布全国各地；其广泛性和多样性使它能够实行严密而精细的分工；其坚定性使它在任何情况下，在任何"转变关头"和意外情况下都能始终不渝地进行自己的工作；其灵活性使它善于一方面在占绝对优势的敌人集中全部力量于一点的时候避免同他公开作战，另一方面又利用这个敌人的迟钝，在他最难料到的地点和时间攻其不备。今天我们面临的还是比较容易完成的任务——支持在大城市的街头游行示威的学生。明天我们就可能面临更困难的任务，例如，支持某个地区的失业工人的运动。后天我们就必须站在自己的岗位上，以革命的姿态参加农民的暴动。今天我们必须利用政府向地方自治机关进攻所造成的紧张的政治形势。明天我们就必须支持人民反对沙皇的某个凶恶的走狗的骚动，帮助人民用抵制、抨击、游行示威等等方法来教训他，使他不得不作公开的让步。只有靠正规军经常活动才能使战斗准备达到这种程度。假如我们集中自己的力量来办共同的报纸，那么，这样的工作不仅可以培养和造就出最能干的宣传员，而且可以培养和造就出最有才干的组织者，最有才能的党的政治领袖，这些领袖在必要的时候，能够提出进行决战的口号并且领导这个决战……

"创办全俄政治报应当是行动的出发点" "我们需要的报纸还必须是政治报纸" "报纸不仅是集体的宣传员和集体的鼓动员，而且是集体的组织者" "报纸可以比作脚手架"……这些论述表明什么？在列宁看来，唯有创办政治机关报才能领导群众开展真正的政治运动，才能最终实现党的目标和任务。这就涉及对新闻事业的性质与定位问题，也就是"是什么"和"为什么"的问题。在列宁看来，新闻事业是党的政治思想和宣传舆论阵地，它的功能、任务都取决于、从属于、符合于、适应于无产阶级政党的阶级性质。很显然，对新闻事业的定位，从根本上讲是一种政治定位。当然，这种认识并不是没有渊源的，早在筹办《新莱茵报》时，马克思就主张把它看作是党在任何情况下都要坚守和不应该放弃的"政治阵地"。所以，列宁把新闻事业、党报党刊作为党的舆论阵地，与马克思、恩格斯的新闻思想是一脉相承的。正是这种认识，才使得列宁后来逐步确立了党报要坚持党性原则等一系列重要观点。

既然要"创办政治机关报"，既然作为一张政治机关报，那么坚持党性原则就成为一个水到渠成的结论。1905年，列宁在《党的组织和党的出版物》一文中，不仅首先使用了"出版物党性原则"这个概念，而且对出版物的党性原则作了全面、系统的阐释和论述，形成了有关"出版物党性"问题的系统理论观点。

党的组织和党的出版物[①]

（1905年11月13日〔26日〕）

十月革命以后在俄国造成的社会民主党工作的新条件，使党的出版物问题提到日程上来了。非法报刊和合法报刊的区别，这个农奴制专制俄国时代的可悲的遗迹，正在开始消失。它还没有灭绝。还远远没有灭绝。我们首席大臣的伪善的政府还在胡作非为，以致《工人代表苏维埃消息报》还在"非法地"出版，但是，政府愚蠢地企图"禁止"它所无法阻止的事情，除了给政府带来耻辱、带来道义上新的打击以外，是不会有什么结果的。

当存在着非法报刊和合法报刊的区别的时候，党的报刊和非党报刊的问题解决得非常简单而又非常虚假，很不正常。一切非法的报刊都是党的报刊，它们由各个组织出版，由那些同党的实际工作者团体有某种联系的团体主办。一切合法的报刊都是非党的报刊（因为党派属性是不准许有的），但又都"倾向"于这个或那个政党。畸形的联合、不正常的"同居"和虚假的掩饰是不可避免的；有些人没有成熟到具有党的观点，实际

① 《列宁全集》第十二卷，人民出版社1987年版，第92—97页。

上还不是党的人，他们认识肤浅或者思想畏缩，另一些人想表达党的观点，出于无奈而吞吞吐吐，这两种情况混杂在一起了。

伊索式的笔调，写作上的屈从，奴隶的语言，思想上的农奴制——这个该诅咒的时代！无产阶级结束了这种使俄国一切有生气的和新鲜的事物都感到窒息的丑恶现象。但是无产阶级暂时为俄国只争得了一半的自由。

革命还没有完成。沙皇制度已经没有力量战胜革命，而革命也还没有力量战胜沙皇制度。我们生活在这样的时候，到处都看得到公开的、诚实的、直率的、彻底的党性和秘密的、隐蔽的、"外交式的"、支吾搪塞的"合法性"之间的这种反常的结合。这种反常的结合也反映在我们的报纸上：不管古契柯夫先生如何嘲讽社会民主党的专横，说它禁止刊印自由派资产阶级的温和报纸，但事实终究是事实，俄国社会民主工党中央机关报《无产者报》，仍然被摈斥在警察横行的专制俄国的大门之外。

不管怎样，已经完成了一半的革命，迫使我们大家立即着手新的工作安排。出版物现在有十分之九可以成为，甚至可以"合法地"成为党的出版物。出版物应当成为党的出版物。与资产阶级的习气相反，与资产阶级企业主的即商人的报刊相反，与资产阶级写作上的名位主义和个人主义、"老爷式的无政府主义"和唯利是图相反，社会主义无产阶级应当提出党的出版物的原则，发展这个原则，并且尽可能以完备和完整的形式实现这个原则。

党的出版物的这个原则是什么呢？这不只是说，对于社会主义无产阶级，写作事业不能是个人或集团的赚钱工具，而且根本不能是与无产阶级总的事业无关的个人事业。无党性的写作者滚开！超人的写作者滚开！写作事业应当成为整个无产阶级事业的一部分，成为由整个工人阶级的整个觉悟的先锋队所开动的一部巨大的社会民主主义机器的"齿轮和螺丝钉"。写作事业应当成为社会民主党有组织的、有计划的、统一的党的工作的一个组成部分。

德国俗语说："任何比喻都是有缺陷的。"我把写作事业比作螺丝钉，把生气勃勃的运动比作机器也是有缺陷的。也许，甚至会有一些歇斯底里的知识分子对这种比喻大叫大嚷，说这样就把自由的思想斗争、批评的自由、创作的自由等等贬低了、僵化了、"官僚主义化了"。实质上，这种叫嚷只能是资产阶级知识分子个人主义的表现。无可争论，写作事业最不能作机械划一，强求一律，少数服从多数。无可争论，在这个事业中，绝对必须保证有个人创造性和个人爱好的广阔天地，有思想和幻想、形式和内容的广阔天地。这一切都是无可争论的，可是这一切只证明，无产阶级的党的事业中写作事业这一部分，不能同无产阶级的党的事业的其他部分刻板地等同起来。这一切决没有推翻那个在资产阶级和资产阶级民主派看来是格格不入的和奇怪的原理，即写作事业无论如何必须成为同其他部分紧密联系着的社会民主党工作的一部分。报纸应当成为各个党组织的机关报。写作者一定要参加到各个党组织中去。出版社和发行所、书店和阅览室、图书馆和各种书报营业所，都应当成为党的机构，向党报告工作情况。有组织的社会主义无产阶级，应当注视这一切工作，监督这一切工作，把生气勃勃的无产阶级事业的生气勃勃的精神，带到这一切工作中去，无一例外，从而使"作家管写，读者管读"这个俄国古老的、半奥勃洛摩夫式的、半商业性的原则完全没有立足之地。

自然，我们不是说，被亚洲式的书报检查制度和欧洲的资产阶级所玷污了的写作事业的这种改造，一下子就能完成。我们决不是宣传某种划一的体制或者宣传用几个决定来解决任务。不，在这个领域里是最来不得公式主义的。问题在于使我们全党，使俄国整个觉悟的社会民主主义无产阶级，都认识到这个新任务，明确地提出这个新任务，到处着手解决这个新任务。摆脱了农奴制的书报检查制度的束缚以后，我们不愿意而且也不会去当写作上的资产阶级买卖关系的俘虏。我们要创办自由的报刊而且我们一定会创办起来，所谓自由的报刊是指它不仅摆脱了警察的压迫，而且摆脱了资本，摆脱了名位主义，甚至也摆脱了资产阶级无政府主义的个人主义。

最后这一句话似乎是奇谈怪论或是对读者的嘲弄。怎么！也许某个热烈拥护自由的知识分子会叫喊起来。怎么！你们想使创作这样精致的个人事业服从于集体！你们想使工人们用多数票来解决科学、哲学、美学的问题！你们否认绝对个人的思想创作的绝对自由！

安静些，先生们！第一，这里说的是党的出版物和它应受党的监督。每个人都有自由写他所愿意写的一切，说他所愿意说的一切，不受任何限制。但是每个自由的团体（包括党在内），同样也有自由赶走利用党的招牌来鼓吹反党观点的人。言论和出版应当有充分的自由。但是结社也应当有充分的自由。为了言论自由，我应该给你完全的权利让你随心所欲地叫喊、扯谎和写作。但是，为了结社的自由，你必须给我权利同那些说这说那的人结成联盟或者分手。党是自愿的联盟，假如它不清洗那些宣传反党观点的党员，它就不可避免地会瓦解，首先在思想上瓦解，然后在物质上瓦解。确定党的观点和反党观点的界限的，是党纲，是党的策略决议和党章，最后是国际社会民主党，各国的无产阶级自愿联盟的全部经验，无产阶级经常把某些不十分彻底的、不完全是纯粹马克思主义的、不十分正确的分子或流派吸收到自己党内来，但也经常地定期"清洗"自己的党。拥护资产阶级"批评自由"的先生们，在我们党内，也要这样做，因为现在我们的党立即会成为群众性的党，现在我们处在急剧向公开组织转变的时刻，现在必然有许多不彻底的人（从马克思主义观点看来），也许甚至有某些基督教徒，也许甚至有某些神秘主义者会参加我们的党。我们有结实的胃，我们是坚如磐石的马克思主义者。我们将消化这些不彻底的人。党内的思想自由和批评自由永远不会使我们忘记人们有结合成叫作党的自由团体的自由。

第二，资产阶级个人主义者先生们，我们应当告诉你们，你们那些关于绝对自由的言论不过是一种伪善而已。在以金钱势力为基础的社会中，在广大劳动者一贫如洗而一小撮富人过着寄生生活的社会中，不可能有实际的和真正的"自由"。作家先生，你能离开你的资产阶级出版家而自由吗？你能离开那些要求你作诲淫的小说和图画、用卖淫来"补充""神圣"舞台艺术的资产阶级公众而自由吗？要知道这种绝对自由是资产阶级的或者说是无政府主义的空话（因为无政府主义作为世界观是改头换面的资产阶级思想）。生活在社会中却要离开社会而自由，这是不可能的。资产阶级的作家、画家和女演员的自由，不过是他们依赖钱袋、依赖收买和依赖豢养的一种假面具（或一种伪装）罢了。

我们社会主义者揭露这种伪善行为，摘掉这种假招牌，不是为了要有非阶级的文学和艺术（这只有在社会主义的没有阶级的社会中才有可能），而是为了要用真正自由的、公开同无产阶级相联系的写作，去对抗伪装自由的、事实上同资产阶级相联系的写作。这将是自由的写作，因为把一批又一批新生力量吸引到写作队伍中来的，不是私利贪欲，也不是名誉地位，而是社会主义思想和对劳动人民的同情。这将是自由的写作，因为它不是为饱食终日的贵妇人服务，不是为百无聊赖、胖得发愁的"一万个上层分子"服务，而是为千千万万劳动人民，为这些国家的精华、国家的力量、国家的未来服务。这将是自由的写作，它要用社会主义无产阶级的经验和生气勃勃的工作去丰富人类革命思想的最新成就，它要使过去的经验（从原始空想的社会主义发展而成的科学社会主义）和现在的经验（工人同志们当前的斗争）之间经常发生相互作用。

动手干吧，同志们！我们面前摆着一个困难的然而是伟大的和容易收到成效的新任务：组织同社会民主主义工人运动紧密而不可分割地联系着的、广大的、多方面的、多种多样的写作事业。全部社会民主主义出版物都应当成为党的出版物。一切报纸、杂志、出版社等等都应当立即着手改组工作，以便造成这样的局面，使它们能以这种或那种方式完全参加到这些或那些党组织中去。只有这样，"社会民主主义的"出版物才会名副其实。只有这样，它才能尽到自己的职责。只有这样，它即使在资产阶级社会范围内也能摆脱资产阶级的奴役，同真正先进的、彻底革命的阶级的运动汇合起来。

载于1905年11月13日《新生活报》第12号

通过这篇作品，我们可以非常清楚地把握列宁的新闻党性观，同时也可以非常肯定地得出结论：党性原则是列宁新闻思想的核心。正是在这篇作品中，列宁提出，党报要有旗帜鲜明的党性。后来，这一原则体现在他多篇文章的论述中，概括起来主要有以下几个方面：首先，在性质上，党报姓党，衡量党性的主要标准，包括党的纲领、党的章程、党的策略决议和各国无产阶级联盟的全部经验（组织经验）。在《论党的改组》一文中，列宁指出，"如果我们党有蛊惑人心的倾向，如果党性基础（纲领、策略规定、组织经验）十分缺乏或者薄弱、动摇，那么毫无疑问，这个危险可能是很严重的"[1]。其次，在功能上，如前所述，党的"报纸不仅是集体的宣传员和集体的鼓动员，而且是集体的组织者"。再次，在组织上，党报与其他写作事业及著作家个人，必须参加党的组织。最后，在作用上，党的中央机关报应当成为全党思想上的中心，他要求，"在地方小报上经常摘引中央机关报上的东西，好让群众普遍知道中央机关报的名字，意识到中央机关报是自己的固定的报纸，知道它是自己的思想中心，知道

---

[1]《列宁全集》第十二卷，人民出版社1987年版，第79页。

能够随时向它求教"①。

至此，我们可以发现，马克思、恩格斯提到过"党性"，但更多地使用的是"党派性"的概念，并没有直接提出和论述过新闻的党性和党性原则；列宁则明确提出了"党性"和党性原则，并且对新闻事业、党报党刊坚持党性原则进行了较为系统的论述，进而丰富发展了马克思主义新闻观。直到今天，习近平总书记提出的"党媒姓党"的重要观点，仍可以从列宁的"新闻党性"观中找到理论源头。从列宁的坚持党性原则，到中国共产党人坚持党性与人民性相统一，体现出一脉相承、继承发展的清晰逻辑和发展脉络。

---

① 《列宁全集》第十一卷，人民出版社1987年版，第322-323页。

第二章

一脉相承：马克思主义新闻观中国化的新闻党性说

十月革命一声炮响给中国送来了马克思列宁主义，也开启了马克思主义新闻观中国化的历史进程。中国共产党在马克思列宁主义指导下诞生发展的历史，是中国共产党自身发展的"总史"，也是马克思主义新闻观实现中国化、中国共产党新闻学说不断形成和发展的"分史"。

通过前面的梳理我们已经知道，从马克思、恩格斯开始，他们的办报办刊实践，就体现着明确的党性原则。100多年来，中国共产党高度重视新闻宣传与舆论工作，在中国革命、建设、改革的每一历史阶段，逐渐将马克思、恩格斯和列宁的新闻思想与各阶段的中国具体实际结合起来，最终形成了中国化的马克思主义新闻观，逐步确立、丰富、创新了坚持党性原则的思想，构建起并不断完善着马克思主义新闻观中国化的新闻党性说。之所以称为"说"，意味着已经趋于体系化，表现为比较完整的具有特色的"学说"，而不是比较零散观点的或者较为初步的论述。

要研究马克思主义新闻观中国化，首先要明白马克思主义中国化这个概念。1938年10月12日，毛泽东在党的六届六中全会上所作题为《抗日民族战争与抗日民族统一战线发展的新阶段》的政治报告中，最先明确提出概念。毛泽东指出："共产党员是国际主义的马克思主义者，但是马克思主义必须和我国的具体特点相结合并通过一定的民族形式才能实现。""因此，使马克思主义在中国具体化，使之在其每一表现中带着必须有的中国的特性，即是说，按照中国的特点去应用它，成为全党亟待了解并亟须解决的问题。洋八股必须废止，空洞抽象的调头必须少唱，教条主义必须休息，而代之以新鲜活泼的、为中国老百姓所喜闻乐见的中国作风和中国气派。"毛泽东还指出："一般地说，一切有相当研究能力的共产党员，都要研究马克思、恩格斯、列宁、斯大林的理论，都要研究我们民族的历史，都要研究当前运动的情况和趋势；并经过他们去教育那些文化水准较低的党员。特殊地说，干部应当着重地研究这些，中央委员和高级干部尤其应当加紧研究。指导一个伟大的革命运动的政党，如果没有革命理论，没有历史知识，没有对于实际运动的深刻的了解，要取得胜利是不可能的。"①根据毛泽东的讲话精神，全会通过的《中共扩大的六届六中全会政治决议案》强调必须提高全党的理论水平，学会灵活地把马克思列宁主义及国际经验应用到中国每一个实际斗争中来。1939年10月4日，毛泽东在《〈共产党人〉发刊词》一文中，总结中国革命正反两方面的经验，本着"马克思列宁主义的理论和中国革命的实践之完全的统一"②原则，展开论述"马克思主义的中国化"问题。随后，在《新民主主义论》一文中，毛泽东进一步指出："形式主义地吸收外国的东西，在中国过去是吃过大亏的。中国共产主义者对于马克思主义在中国的应用也是这样，必须将马克思主义的普遍真理和中国革命的具体实践完全地恰当地统一起来，就是说，和民族的特点相结合，经过一定的民族形式，才有用处，决不能主观的公式地应用它。公式的马克思主义者，只是对于马克思主义和中国革命开玩笑，在中国革命队伍中是没有他们的位置的。中国文化应有自己的形式，这就是民族形式。民族的形式，新民主主义的内容——这就是我

①《毛泽东选集》第二卷，人民出版社1991年版，第532-534页。
②《毛泽东选集》第二卷，人民出版社1991年版，第612页。

们今天的新文化。"[1]1941年9月10日，毛泽东在中共中央政治局扩大会议上做《反对主观主义和宗派主义》的报告，强调要分清创造性的马克思主义和教条式的马克思主义，使中国革命丰富的实际马克思主义化。1943年5月26日，中共中央做出《中国共产党中央委员会关于共产国际执委主席团提议解散共产国际的决定》，指出："中国共产党近年来所进行的反主观主义、反宗派主义、反党八股的整风运动就是要使得马克思列宁主义这一革命科学更进一步地和中国革命实践、中国历史、中国文化深相结合起来。"[2]新中国成立初期，在编辑《毛泽东选集》时，毛泽东将"马克思主义的中国化"的表述，改为"使马克思主义在中国具体化"。党的十一届三中全会后，"马克思主义中国化"的概念被重新广泛使用。

马克思主义新闻观中国化，当然是马克思主义中国化的一部分。中国共产党作为马克思主义政党，正是在继承传播马克思列宁主义的基础上，将马克思列宁主义与中国实践相结合，不断创新发展关于新闻党性的思想。毛泽东同志将列宁提出的党性原则理论与中国革命时期的新闻实践相结合，使其中国化，形成了具有中国特色的党报的党性原则理论。党的一大通过的决议中，特别明确了"一切书籍、日报、标语和传单的出版工作，均应受中央执行委员会或临时中央执行委员会的监督。每个地方组织均有权出版地方的通报、日报、周刊、传单和通告。不论中央或地方出版的一切出版物，其出版工作均应受党员的领导。任何出版物，无论是中央

---

① 《毛泽东选集》第二卷，人民出版社1991年版，第707页。
② 中共中央文献研究室、中央档案馆：《建党以来重要文献选编（1921—1949）》第20册，中央文献出版社2011年版，第318-319页。

的或地方的，均不得刊登违背党的原则、政策和决议的文章"①。这项决议毫无疑问地确定了党报党刊的党性原则。在后来的革命历程中，毛泽东同志撰写了《增强报刊宣传的党性》《党报必须无条件地宣传中央的路线和政策》等指导我们新闻工作的重要文献。新闻工作者熟知的"政治家办报"，就是1959年6月，毛泽东同志在中央政治局会议上提出的。

毛泽东等每一代领导人都对我们党新闻事业的党性原则十分重视，反复强调和重申新闻事业必须始终坚持党性原则。党的十八大以来，习近平总书记在继承中国共产党新闻事业党性原则的基础上，结合新的时代特点和要求，将中国共产党新闻事业的党性原则理论不断创新发展，赋予了新的时代内涵。因此，我们研究新时代新闻党性，必须以中国共产党人在革命、建设、改革时期的新闻党性思想为必经之路。

第一节　革命和建设时期论新闻舆论工作坚持党性原则

马克思主义新闻观中国化的进程是由毛泽东开启的。可以说毛泽东是马克思主义新闻观中国化的历史进程中的奠基者，作出了开创性贡献。作为伟大的无产阶级革命家、政治家和思想家、理论家，他同时也是杰出的新闻宣传家和报刊活动家。以毛泽东为代表的中国共产党人作为马克思主义新闻观的实践、继承和丰富、创新者，始终坚持以马克思恩格斯列宁的

---

① 中共中央文献研究室、中央档案馆：《建党以来重要文献选编（1921—1949）》第1册，中央文献出版社2011年版，第4—5页。

新闻思想为理论基础，认真总结自身运用报刊指导革命战争、政权建设、社会主义建设等方面的经验，用以丰富和创新马克思主义新闻观，使马克思主义新闻观在东方这块土地上实现了中国化、时代化，从而得以不断传承、巩固和壮大，显示出强大的生命力。

在我们党的报刊史上，《解放日报》的改版是毛泽东提出党报党性原则的直接起因。《解放日报》作为党中央的机关报于1941年5月16日创刊。当时，毛泽东亲自为该报题写了报名，并且撰写了发刊词。毛泽东在发刊词中指出："本报之使命为何？团结全国人民战胜日本帝国主义一语足以尽之。这是中国共产党的总路线，也就是本报的使命。"①可见，作为党中央机关报，《解放日报》创刊的目的和使命就是鼓动、宣传、组织、团结全国人民进行抗日战争，争取民族独立。但是《解放日报》创刊初期，无论在版面安排上还是新闻内容上，都与党中央机关报的使命不相符合。在新闻内容上，像《中共中央通过根据地土地政策》这样的重要政策信息，只刊发在第三版头条，而当天的头版头条是《英内阁局部改组》。当时，陕甘宁边区人口的90%为文盲，即使党的干部，文化水平也比较低，《解放日报》作为党的机关报大部分内容讲国外的事情，客观效果无法令人满意。针对《解放日报》"党性不强""没有真正成为党的机关报"等问题，《解放日报》开始进行改版。社论《致读者》是标志着《解放日报》改版的一篇重要文献，它于1942年4月1日发表于《解放日报》第一版。在社论《致读者》中提出党报应具备党性、群众性、战斗性和组织性四个特

---

① 《毛泽东新闻工作文选》，新华出版社1983年版，第55页。

性，其中党性被列于首位。但是毛泽东对改版后的《解放日报》并不满意，认为其没有充分理解和贯彻党性原则，对《解放日报》提出了更严格的要求。担任《解放日报》总编辑的陆定一在1942年9月5日向编委会传达毛泽东对《解放日报》的意见时说："《解放日报》有很大进步，但尚未成为真正的党中央的机关报。报纸尚未与中央息息相关，虽然总路线是对的。以后凡是新的重要的问题，小至消息，大至社论，须与中央商量。报社内部亦需如此。报纸不能有一字一句的独立性。"[①] "一个字也不能闹独立"在此之后成为一种制度被固定下来。在《解放日报》1942年9月22日发表的社论《党与党报》中写道："报纸是党的喉舌，是这一个巨大集体的喉舌。在党报工作的同志，只是整个党的组织的一部分，一切要按照党的意志办事，一言一行一字一句都要顾到党的影响。"[②] 由此可见，当时党报对党性原则的要求比现在要更严格、更绝对。

我们应该注意，毛泽东是从党报性质任务出发对党报必须坚持党性原则提出明确要求的。因此，我们要着重把握毛泽东关于党报性质任务和功能作用的阐释。这方面的思想，我们将通过分析《对晋绥日报编辑人员的谈话》加以把握。

《晋绥日报》是解放战争时期中共晋绥分局的机关报，是晋绥边区第一份使用铅印的报纸。该报于1940年9月18日创刊，最初名为《抗战日报》，1946年7月1日改名《晋绥日报》，1949年5月1日停刊，发行量最初为

---

① 王敬：《延安解放日报史》，新华出版社1998年版，第40页。
② 《党与党报》，《解放日报》，1942年9月22日第1版。

2000余份，后增加到1.5万份。《晋绥日报》在解放区有很大影响。刘胡兰的事迹和毛泽东的亲笔题词"生的伟大，死的光荣"，就是在该报首先刊登出来的。

1948年4月2日毛泽东对《晋绥日报》编辑人员发表的谈话，是《晋绥日报》报史，以及整个解放区党报史，乃至中国共产党新闻史上的重要事件，其价值和意义都极为重大。一方面这是毛泽东作为党的领导人第一次，也是唯一的一次到一家报社的编辑部发表谈话；另一方面这个谈话本身内容丰富，意义重大。此篇谈话在当年5月晋绥边区出版的《新闻战线》创刊号上刊出，成为当时指导解放区新闻工作的重要文件，由此也提高了《晋绥日报》在解放区新闻界的知名度和影响力。毛泽东同志关于党报党性的思想，在这篇谈话中得到比较集中的表达。

对晋绥日报编辑人员的谈话①

（一九四八年四月二日）

我们的政策，不光要使领导者知道，干部知道，还要使广大的群众知道。有关政策的问题，一般地都应当在党的报纸上或者刊物上进行宣传。我们正在进行土地制度的改革。有关土地改革的各项政策，都应当在报上发表，在电台广播，使广大群众都能知道。群众知道了真理，有了共同的目的，就会齐心来做。这和打仗一样，要打好仗，不光要干部齐心，还要战士齐心。陕北的部队经过整训诉苦以后，战士们的觉悟提高了，明了了

---

① 《毛泽东选集》第四卷，人民出版社1991年版，第1318-1322页。

为什么打仗，怎样打法，个个磨拳擦掌，士气很高，一出马就打了胜仗。群众齐心了，一切事情就好办了。马克思列宁主义的基本原则，就是要使群众认识自己的利益，并且团结起来，为自己的利益而奋斗。报纸的作用和力量，就在它能使党的纲领路线，方针政策，工作任务和工作方法，最迅速最广泛地同群众见面。

在我们一些地方的领导机关中，有的人认为，党的政策只要领导人知道就行，不需要让群众知道。这是我们的有些工作不能做好的基本原因之一。我党二十几年来，天天做群众工作，近十几年来，天天讲群众路线。我们历来主张革命要依靠人民群众，大家动手，反对只依靠少数人发号施令。但是在有些同志的工作中间，群众路线仍然不能贯彻，他们还是只靠少数人冷冷清清地做工作。其原因之一，就是他们做一件事情，总不愿意向被领导的人讲清楚，不懂得发挥被领导者的积极性和创造力。他们主观上也要大家动手动脚去做，但是不让大家知道要做的是怎么一回事，应当怎样做法，这样，大家怎么能动起来，事情怎么能够办好? 要解决这个问题，根本上当然要从思想上进行群众路线的教育，同时也要教给同志们许多具体办法。办法之一，就是要充分地利用报纸。办好报纸，把报纸办得引人入胜，在报纸上正确地宣传党的方针政策，通过报纸加强党和群众的联系，这是党的工作中的一项不可小看的、有重大原则意义的问题。

同志们是办报的。你们的工作，就是教育群众，让群众知道自己的利益，自己的任务，和党的方针政策。办报和办别的事一样，都要认真地办，才能办好，才能有生气。我们的报纸也要靠大家来办，靠全体人民群众来办，靠全党来办，而不能只靠少数人关起门来办。我们的报上天天讲群众路线，可是报社自己的工作却往往没有实行群众路线。例如，报上常有错字，就是因为没有把消灭错字认真地当做一件事情来办。如果采取群众路线的方法，报上有了错字，就把全报社的人员集合起来，不讲别的，专讲这件事，讲清楚错误的情况，发生错误的原因，消灭错误的办法，要大家认真注意。这样讲上三次五次，一定能使错误得到纠正。小事如此，大事也是如此。

善于把党的政策变为群众的行动，善于使我们的每一个运动，每一个斗争，不但领导干部懂得，而且广大的群众都能懂得，都能掌握，这是一项马克思列宁主义的领导艺术。我们的工作犯不犯错误，其界限也在这里。当着群众还不觉悟的时候，我们要进攻，那是冒险主义。群众不愿干的事，我们硬要领导他们去干，其结果必然失败。当着群众要求前进的时候，我们不前进，那是右倾机会主义。陈独秀机会主义的错误，就是落后于群众的觉悟程度，不能领导群众前进，而且反对群众前进。这些问题有许多同志还不懂得。我们的报纸要好好地宣传这些观点，使大家都能明白。

报纸工作人员为了教育群众，首先要向群众学习。同志们都是知识分子。知识分子往往不懂事，对于实际事物往往没有经历，或者经历很少。你们对于一九三三年制订的《怎样分析农村阶级》的小册子，就看不大懂；这一点，农民比你们强，只要给他们一说就都懂得了。崞县两个区的农民一百八十多人，开了五天会，解决了分配土地中的许多问题。假如你们的编辑部来讨论那些问题，恐怕两个星期也解决不了。原因很简单，那些问题你们不懂得。要使不懂得变成懂得，就要去做去看，这就是学习。报社的同志应当轮流出去参加一个时期的群众工作，参加一个时期的土地改革工作，这是很必要的。在没有出去参加群众工作的时候，也应当多听多看关于群众运动的材料，并且下工夫研究这些材料。我们练兵的口号是："官教兵，兵教官，兵教兵。"战士们有很多打仗的实际经验。当官的要向战士学习，把别人的经验变成自己的，他的本领就大了。报社的同志也要经常向下边反映上来的材料学习，慢慢地使自己的实际知识丰富起来，使自己成为有经验的人。这样，你们的工作才能够做好，你们才能担负起教育群众的任务。

《晋绥日报》在去年六月的地委书记会议以后，有很大进步。内容丰富，尖锐泼辣，有朝气，反映了伟大的群众斗争，为群众讲了话。我很愿意看它。但是从今年一月开始纠正"左"的偏向以后的这一时期，你们的报纸却有点泄气的样子，不够明确，不够泼辣，材料也少了，使人不大想看。你们现在正在检查工作，总结经验，这样很好。总结了反右反"左"的经验，使头脑清醒起来，你们的工作就会有改进。

《晋绥日报》在去年六月以后进行的反对右倾的斗争，是完全正确的。在反右倾的斗争中，你们作得很认真，充分地反映了群众运动的实际情况。对于你们认为错误的观点和材料，你们采用编者按语的形式加以批注。你们的批注后来也有缺点，但是那种认真的精神是好的。你们的缺点主要是把弓弦拉得太紧了。拉得太紧，弓弦就会断。古人说："文武之道，一张一弛。"现在"弛"一下，同志们会清醒起来。过去的工作有成绩，但也有缺点，主要是"左"的偏向。现在作一次全面的总结，纠正了"左"的偏向，就会做出更大的成绩来。

在我们纠正偏差的时候，有的人把过去的工作看得毫无成绩，认为完全错了。这是不对的。这些人没有看到，党领导了那么多的农民得到土地，打倒了封建主义，整顿了党的组织，改进了干部的作风，现在又纠正了"左"的偏向，教育了干部和群众。这不是很大的成绩吗？对于我们的工作，对于群众的事业，应当采取分析的态度，不应当否定一切。过去发生"左"的偏向，是因为大家没有经验。没有经验，就难免要犯错误。从没有经验到有经验，要有一个过程。去年六月到现在的短短时期内，经过反右和反"左"的斗争，使大家都知道了反右、反"左"是怎么一回事。没有这样一个过程，大家是不会知道的。

经过检查工作、总结经验以后，我相信，你们的报纸会办得更好。应当保持你们报纸的过去的优点，要尖锐、泼辣、鲜明，要认真地办。我们必须坚持真理，而真理必须旗帜鲜明。我们共产党人从来认为隐瞒自己的观点是可耻的。我们党所办的报纸，我们党所进行的一切宣传工作，都应当是生动的，鲜明的，尖锐的，毫不吞吞吐吐。这是我们革命无产阶级应有的战斗风格。我们要教育人民认识真理，要动员人民起来为解放自己而斗争，就需要这种战斗的风格。用钝刀子割肉，是半天也割不出血来的。

做好党报工作，首要的一条是要明确党报的性质定位，了解党报的中心任务，同时认识党报的功能和作用，唯此才能够把握好工作的方向与基点，知道自己应该做什么和怎样去做好它。当年，马克思、恩格斯把党报看作党的重要思想武器和政治阵地，列宁把党报视为党的整个事业的一部分，是社会主义这个大机器上的齿轮和螺丝钉，这都是对党报性质任务和功能作用的明确定位。

毛泽东一向重视党报工作，他总是把党的报刊看作党组织指导工作和教育引导群众的重要思想武器。例如1944年3月22日，他在陕甘宁边区文化教育工作座谈会上的讲话中，就谈到报纸是"反映和指导政治经济工作的一种武器"，他要求党委的同志应该"把报纸拿在自己的手里，作为组织一切工作的一个武器，反映政治、军事、经济又指导政治、军事、经济的一个武器，组织和教育群众的一个武器"[1]。同时他还把报纸比作拿笔的文化军队，同拿枪的武装军队同等重要，当时他曾称赞在延安和重庆出版的党中央机关报《解放日报》和《新华日报》"抵得上一个方面军"。

正因如此，他在对《晋绥日报》编辑人员谈话的一开头，便开门见山地指出了党报作为党的宣传机关所担负的宣传党的政策主张、服务人民群众的职能和任务。他强调党和政府想要做好工作就要善于发挥被领导者的积极性和创造力。他批评一些领导干部总觉得党的政策只要领导人知道就行，不需要让群众知道，做事情不愿意向被领导的人讲清楚，不懂得发挥被领导者的积极性和创造力。他指出这是我们的有些工作不能做好的"基本原因"之一。而要解决这个问题，他认为办法之一就是要充分地利用报纸。

---

[1]《毛泽东新闻工作文选》，新华出版社1983年版，第113、115页。

这一论述既是对党报作为党的宣传机关的性质定位，也是对其任务及功能作用的阐释。学习和研究毛泽东其他一些相关讲话及文章可以发现，其中有不少类似的论述。他总是强调党报要担负起宣传党的政策主张的任务，要求党报要发挥好自己的宣传功能，通过宣传报道，让人民群众能够及时、准确地了解党的纲领路线、方针政策、工作任务和工作方法，从而更好地去为实现自己的利益而奋斗。并且他把能否做到这一点，看作"一项不可小看的、有重大原则意义的问题"。1942年，毛泽东在《解放日报》改版座谈会上的讲话中就强调共产党的路线就是人民的路线。在他看来，人民的路线就应该让人民群众知悉。因此，他一向反对把党的工作"神秘化"，反对党政机关不注意保持同群众的联系，不善于向群众作宣传的做法。这应该是中国共产党党报工作的一条宝贵经验。

毛泽东始终倡导报刊宣传要坚持党性原则。毛泽东认为马克思主义新闻学的立足点是新闻有阶级性、党派性，他认为，在阶级消灭之前，报纸的新闻具有阶级性。1942年9月，毛泽东在《增强报刊宣传的党性》中强调要使报刊宣传服从于党的政策，并要求各地通讯社和报社要及时研究中央政策，以增强宣传报道中的党性意识。此外，1948年8月，毛泽东在中央关于请示报告制度决议的起草过程中特意加上一段话，强调各地党报必须无条件地宣传中央的路线和政策，以增强宣传报道中的看齐意识。中华人民共和国成立以后，毛泽东更加注重宣传报道的党性，鲜明指出报刊宣传应在无产阶级政党的领导下为无产阶级服务这一根本属性。"政治家办报"是毛泽东提出并多次强调的关于马克思主义新闻观的一个重要论断和基本原则，也是最能体现坚持党性原则的一个重要命题。他比较集中地阐释这一论断是在同吴冷西的谈话中。

"政治家办报"是毛泽东提出并多次强调的关于马克思主义新闻观的一个重要论断和基本原则，最先由毛泽东明确提出。据曾任《人民日报》总编辑兼新华社社长的吴冷西回忆，1957年6月7日，毛泽东对他和胡乔木说："写文章尤其是社论，一定要从政治上总揽全局，紧密结合政治形势。这叫做政治家办报。"①此后两年多，毛泽东还多次提到"政治家办报"。1959年6月，毛泽东在同吴冷西的谈话中指出："新闻工作，要看是政治家办，还是书生办。"书生办报，"最大的缺点是多谋寡断"，"搞新闻工作，要政治家办报"②。要多谋善断，一下子看到问题所在。毛泽东一贯提倡"政治家办报"，强调党的报纸要讲党性、讲政治。

毛泽东还建议地方党政领导多参与当地党报工作。1957年7月，他曾提出："各省、市、自治区要有自己的马克思主义理论家，自己的科学家和技术人才，自己的文学家、艺术家和文艺理论家，要有自己的出色的报纸和刊物的编辑和记者。第一书记（其他书记也是一样）要特别注意报纸和刊物，不要躲懒，每人至少要看五份报纸，五份刊物，以资比较，才好改进自己的报纸和刊物。"③1958年1月，他在写给广西省委的信中谈到办好省报问题，说："省报问题是一个极重要问题，值得认真研究，同《广西日报》的编辑们一道，包括版面、新闻、社论、理论、文艺等项。钻进

---

① 吴冷西：《回忆主席与战友》，人民出版社2016年版，第51页。
② 《毛泽东新闻工作文选》，新华出版社2014年版，第271页。
③ 《建国以来毛泽东文稿》第6册，中央文献出版社1992年版，第551页。

去，想了又想，分析又分析，同各省报纸比较又比较，几个月时间就可以找出一条道路来的。精心写作社论是一项极重要任务，你们自己、宣传部长、秘书长、报社总编辑，要共同研究。第一书记挂帅，动手修改一些最重要的社论，是必要的。一张省报，对于全省工作，全体人民，有极大的组织、鼓舞、激励、批判、推动的作用。"①

政治家办报，首要解决的是办报为了谁的问题。无论是在革命战争年代还是和平建设时期，对于办报，毛泽东首先强调的是弄清楚办报为了谁的问题。这是决定办报成败的大是大非问题。办报为了谁呢？当然是为了党和人民的利益，为了党领导全国人民所从事的革命和建设事业。

这里面具体包括两个层面的意思：其一，办报要坚持党性与人民性相统一。共产党的党性和人民性的统一，是马克思主义的一个基本观点，也是马克思主义新闻观的一个重要内容。党性和人民性关系的本质，根源于党和人民的关系。中国共产党的性质和根本宗旨决定了它的根本利益与人民大众根本的、长远的利益具有天然的一致性。因此，党性和人民性从来都是统一的、一致的、不可分离的，党性来自人民性，是人民性最高最集中的体现。具体到办报问题上，毛泽东认为，党报是党的报纸，也是人民的报纸，共产党的使命就是党报的使命，党报必须无条件地宣传党的路线和政策。在他看来，党报就是要为党和人民的利益服务的，人民群众是党报的真正主人。在办报的问题上，既要坚持党性，坚定宣传党的理论成果和路线方针政策，宣传中央的重要决策和工作部署，又要坚持人民性，践

①《毛泽东文集》第7卷，人民出版社1999年版，第338页。

行群众路线，把服务群众同宣传、教育和引导群众结合起来，坚持党性与人民性相统一。

其二，办报要始终保持正确的政治方向。关于这一点，毛泽东做过两个鲜明论断："报纸应该有方向"，"有大方向"；"报纸一个时期要有一定的方向"。这里前后两个"方向"是有所区别的，二者是"总"和"分"的关系。前一个论断所说的方向，说的是总的大方向，即是坚持马克思主义、社会主义的大方向，宣传党的纲领、路线、大政、方针，一般是宏观的、远大的；后一个论断所说的方向，是说围绕党和国家一定时期内的中心工作和主要任务而制定的具体政策、部署的方向，一般是具体的、有明确时限的。关于前一个论断，不难理解。共产党和社会主义国家办的报纸，当然要坚持马克思主义、社会主义的方向，反对资产阶级的新闻观点，这是毋庸置疑的。这里需要指出的是，坚持正确政治方向，不只是对党报的要求，党外报纸亦应如此。20世纪50年代中后期，毛泽东在谈到新闻报刊工作时几次谈到这一问题。他分析指出，在阶级消灭之前，不管通讯社或报纸的新闻，都有阶级性。党外报纸当然不应当办得和党报一模一样，应有它们自己的特色。但是，其基本方向应当是一致的。他还指出，这是由社会主义社会的经济基础决定的。关于后一个论断，则需要作些分析。这一论断强调的是要把远大理想与现实目标、宏远规划与具体任务结合起来。办报当然要坚持马克思主义、社会主义的总方向，但党的最终目标是由一个个具体的阶级性目标组成的，党的路线方针是由一条条具体政策和部署来逐步落实的，所以办报不能只谈未来不谈当下、只谈长远目标不谈近期任务、只谈路线方针不谈具体做法。所以，报纸工作应该与党和国家一定时期内的中心工作和主要任务切实结合起来，确定一定时期的具体宣传方向和工作重点，有的放矢地开展工作。1957年4月，毛泽东在同胡乔木、吴冷西等谈话时，结合同年2月、3月先后召开的最高国务会议和全国宣传工作会议的宣传问题，就改进党报工作提出了六条意见，其中前三条都涉及一定时期的办报方向问题：一、报纸的宣传，要联系当前政治，写按语，写社论，都要这样，如最高国务会议、宣传工作会议。二、中央每一重要措施，报纸宣传都得有具体布置，看要写哪些评论、新闻和讨论文章。三、要在现有条件下，努力改进工作，包括领导工作。这几条要求的核心意思很明确，就是办报要在坚持马克思主义、社会主义的大方向的基础上，紧密结合当时的实际，围绕一定时期党的中心工作和主要任务，及时宣传党的有关决策和会议精神，把大家的注意力集中过来，配合和服务党和国家工作大局。

通过以上梳理，我们可以得出结论：毛泽东强调的"政治家办报"，其逻辑指向就落在党性原则是根本，必须牢牢坚持。它带给我们今天的启示是：任何媒体都要表达立场、传递思想、影响人心，都或多或少带有意识形态属性。坚持党性原则的最根本是坚持党对新闻舆论工作的领导。我国是中国共产党领导的社会主义国家，无论媒体的背景是什么、同党委和政府管理部门的关系是什么，党管媒体的原则和制度都不能变。党和政府主办的媒体是党和政府的宣传阵地，必须成为党和人民的喉舌，做到爱党、护党、为党。坚持党管媒体，把各级各类媒体都置于党的领导下，确保党对媒体的主导权、管理权，这是新时期加强和改善党对新闻舆论工作领导的必然要求，也是新闻舆论工作坚持正确政治方向的题中应有之义。

第二节　改革开放新时期论新闻舆论工作坚持党性原则

1978年12月18日，在中华民族历史上，在中国共产党历史上，在中华人民共和国历史上，都必将是载入史册的重要日子。这一天，中国共产党召开十一届三中全会，实现新中国成立以来党的历史上具有深远意义的伟大转折，开启了改革开放和社会主义现代化的伟大征程。我们要把握改革开放新时期党的"新闻党性"说，首先就要把握改革开放新时期我们党的科学理论大体脉络，因为新闻思想、新闻理论是科学理论的有机组成部分，或者说，是科学理论在新闻事业领域的具体运用的结晶。

如何准确认识改革开放新时期党的科学理论？2021年11月11日中国共产党第十九届中央委员会第六次全体会议通过的《中共中央关于党的百年奋斗重大成就和历史经验的决议》给出了最为权威的表述[①]：

改革开放和社会主义现代化建设新时期，党面临的主要任务是，继续探索中国建设社会主义的正确道路，解放和发展社会生产力，使人民摆脱贫困、尽快富裕起来，为实现中华民族伟大复兴提供充满新的活力的体制

---

① 《中共中央关于党的百年奋斗重大成就和历史经验的决议》，《人民日报》，2021年11月17日第5版。

保证和快速发展的物质条件。

"文化大革命"结束以后，在党和国家面临何去何从的重大历史关头，党深刻认识到，只有实行改革开放才是唯一出路，否则我们的现代化事业和社会主义事业就会被葬送。一九七八年十二月，党召开十一届三中全会，果断结束"以阶级斗争为纲"，实现党和国家工作中心战略转移，开启了改革开放和社会主义现代化建设新时期，实现了新中国成立以来党的历史上具有深远意义的伟大转折。党作出彻底否定"文化大革命"的重大决策。四十多年来，党始终不渝坚持这次全会确立的路线方针政策。

党的十一届三中全会以后，以邓小平同志为主要代表的中国共产党人，团结带领全党全国各族人民，深刻总结新中国成立以来正反两方面经验，围绕什么是社会主义、怎样建设社会主义这一根本问题，借鉴世界社会主义历史经验，创立了邓小平理论，解放思想，实事求是，作出把党和国家工作中心转移到经济建设上来、实行改革开放的历史性决策，深刻揭示社会主义本质，确立社会主义初级阶段基本路线，明确提出走自己的路、建设中国特色社会主义，科学回答了建设中国特色社会主义的一系列基本问题，制定了到二十一世纪中叶分三步走、基本实现社会主义现代化的发展战略，成功开创了中国特色社会主义。

党的十三届四中全会以后，以江泽民同志为主要代表的中国共产党人，团结带领全党全国各族人民，坚持党的基本理论、基本路线，加深了对什么是社会主义、怎样建设社会主义和建设什么样的党、怎样建设党的认识，形成了"三个代表"重要思想，在国内外形势十分复杂、世界社会主义出现严重曲折的严峻考验面前捍卫了中国特色社会主义，确立了社会主义市场经济体制的改革目标和基本框架，确立了社会主义初级阶段公有制为主体、多种所有制经济共同发展的基本经济制度和按劳分配为主体、多种分配方式并存的分配制度，开创全面改革开放新局面，推进党的建设新的伟大工程，成功把中国特色社会主义推向二十一世纪。

党的十六大以后，以胡锦涛同志为主要代表的中国共产党人，团结带领全党全国各族人民，在全面建设小康社会进程中推进实践创新、理论创新、制度创新，深刻认识和回答了新形势下实现什么样的发展、怎样发展等重大问题，形成了科学发展观，抓住重要战略机遇期，聚精会神搞建设，一心一意谋发展，强调坚持以人为本、全面协调可持续发展，着力保障和改善民生，促进社会公平正义，推进党的执政能力建设和先进性建设，成功在新形势下坚持和发展了中国特色社会主义。

有了上面这段表述，我们可以更加准确地把握党的历代领导人关于"新闻党性"的思想的实质与内核、特色与精髓、时代内涵与实践要求。可以说，中国特色社会主义新闻理论，来源于马克思列宁主义新闻思想和毛泽东新闻思想，来源于中国特色社会主义理论体系，来源于对人类先进新闻思想文化成果的消化吸收。邓小平作为党的第二代领导集体的核心，在我国进入改革开放和社会主义现代化建设这一特定历史阶段之后，就新闻宣传工作所作的一系列论述，提出党报党刊要成为全国安定团结思想上的中心等，回答了在实行改革开放和进行社会主义现代化建设时期，新闻宣传工作如何适应国家政治、经济和社会发展的需要，发挥自身特有功能和作用，更好地为社会主义服务，为人民服务，为全党和全国工作的大局服务等一系列重大问题。江泽民作为中国共产党第三代领导集体的核心，从新时期党和国家政局稳定与事业发展大局和新闻工作改革发展实际需要出发，对社会主义新闻事业在实行社会主义市场经济体制下所处的社会地位和所承担的历史任务，以及所应遵循的工作原则和采取的工作方法，作出了许多新的理论阐释，提出舆论导向正确是党和人民之福、以正确的舆论引导人、加强电子媒体建设等，澄清了当时新闻界在对一些新闻工作基本理论问题上的模糊认识，为党的新闻宣传工作进一步继承传统、开拓创新打开了新的局面，同时也形成了具有明显时代特点的新闻思想。胡锦涛同志面对处在信息化时代和战略转型期的中国共产党如何运用新闻媒介提高执政能力的战略课题，对新时期党的新闻工作进行了积极探索，形成了他独特的新闻思想。胡锦涛的新闻思想集中阐述了信息化时代党的新闻宣传和舆论引导的新特点新规律，提出增强把握正确导向的自觉性和有效性、提高舆论引导能力、加强主流媒体和新兴媒体建设、形成网络等新兴媒体舆论强势、发展文化产业、构建现代传播体系等，主要解决了党和政府如何运用新闻媒体改善执政环境，提升执政能力，增强执政效果，促进各项事业科学发展等问题，充分体现了党指导新闻宣传工作的新思路新特点。

邓小平关于新闻宣传工作的正式报告和文稿主要体现在1950年西南区新闻工作会议报告，该报告既是他对以往报刊宣传工作的经验总结，也是他在中华人民共和国成立后新形势下对党的新闻宣传工作性质任务、功能作用和原则方法等一系列基本问题的理论思考。这篇形成于新中国成立初期的新闻论述，称得上是他后来新闻思想逐渐深化和完善的奠基之作。

在西南区新闻工作会议上的报告[①]

（一九五〇年五月十六日）

拿笔杆是实行领导的主要方法。领导同志要学会拿笔杆。开会是一种领导方法，是必需的，但到会的人总是少数，即使做个大报告，也只有几百人听。个别谈话也是一种领导方法，但只能是"个别"。实现领导最广泛的方法是用笔杆子。用笔写出来传播就广，而且经过写，思想就提炼了，比较周密。所以用笔领导是领导的主要方法，这是毛主席告诉我们的。凡不会写的要学会写，能写而不精的要慢慢地精。

拿笔有多种。党和政府写决议、指示、计划，发电报，这是很重要的，但指示、电报只能传达到一定范围的干部。任何政策如果只同干部见面，不同群众见面，是不能发生效果的。拿笔杆子中，作用最广泛的是写文章登在报纸上和出小册子，再就是写好稿子到广播电台去广播。出报纸、办广播、出刊物和小册子，而又能做到密切联系实际，紧密结合中心任务，这在贯彻实现领导意图上，就比其他方法更有效、更广泛，作用大得多。

"笔杆子太重"，不会写，怎么办？要同各地区领导同志谈通，说

①《邓小平文选》第一卷，人民出版社1994年版，第145-150页。

明拿笔杆的重要、新闻工作的重要，不懂得用笔杆子，这个领导本身就是很有缺陷的。写文章也不是很困难，主要是要意思好。领导同志具备这个条件：了解情况比较多，看问题比较全面、正确。技术方面的问题是次要的，自己努力，别人帮助，慢慢就会提高。领导同志不愿意写文章，新闻工作同志要主动去做工作。他不愿写，总有一个理由，"不会写，写不了"，或者"没有功夫"，那就主动找他，"你讲我写"，或者找接近领导而又能写的同志来写。但首先还是要领导同志亲自写，新闻工作同志主动帮助，有计划地组织稿件。这样就可以逐步解决领导机关、领导同志运用报纸、领导报纸的问题。办好报纸有三个条件：结合实际、联系群众、批评与自我批评。这三条离开了领导也搞不好，报纸就没有力量，容易变成"有闻必录"。所以办好报纸的前提在领导。

要办好地方报纸。《新华日报》最近有进步。我们的报纸要登中央发的一般消息，但作为地方报纸，新华社总社的广播稿不一定全用，要适当选择、改编、压缩、提炼，要考虑对象，能不能看那么多，看了懂不懂。有的小报就比大报办得更结合实际，更切合群众需要，更通俗活泼。当然，需要办大报的地方（大城市）必须办大报，但不是都要办大报。

报纸要结合实际，结合当时当地的中心任务。新华社总社发来的稿件应该重视，但比较好编。领导同志和办报同志的主要精力要放在当地新闻上，要大量刊登本区人民的工作和生活情况。报社要时时和领导取得联系，根据本地当前任务的变化，随时调整自己的报道方针。不久前《新华日报》写了一篇专论，讲的是剿匪中的情况，内容主要是批评。正确不正确？也正确。合不合时宜？不合时宜。正确与否要考虑到时间、地点、条件等因素来判断。在剿匪已经有了成绩，部队又很艰苦很努力的情况下，主要去批评就不合时宜了。放在一个月以前则刚合时宜。这说明我们的同志对剿匪的实际情况了解不够。现在报纸的影响比过去大了，有些不正确的东西在报上一表扬，就糟了。前几年很多干部不看报，现在不同了，报纸有威信，看到报纸讲什么就要照着去做。很多地方看到报纸批评了的做法，就秘密地改，这就是报纸的作用。社会上很多人看报，看共产党什么态度，人民政府政策如何，要从报上找自己需要的东西，解决自己的问题。正因为干部群众都重视报纸，我们就要很慎重。

西南区今天的中心任务是什么？从全区说，一是剿匪，二是完成征粮、税收、公债任务，三是领导生产（主要是农业生产），四是调整工商业、救济失业人员。为了实现这些任务，要召开人民代表会或农民代表会。下一步是今冬明春的减租，也是从全西南提出的。

这些任务完成得怎样？剿匪方面，四川剿匪有很多好经验，报纸要报道，但又不能让土匪完全了解我们的战术。报纸要宣传剿匪政策，宽大与镇压相结合。首恶必办，胁从不问，立功受奖。什么叫胁从不问？"不问"是说不问罪，也就是不治罪。有的问都不问一下就放了，这就错了。总要教育教育，坦白一下，群众取保，才能释放啊。总的说，剿匪见效。贵州、云南的情况又各有不同。报纸必须抓住每个地方的特点，这就是指导性。

征收公粮，一般开始时都是轰轰烈烈，但后来很难收上来。万县解决这个问题的办法比较恰当，要好好介绍、表扬，这就是实现领导。报纸要用评论、社论加上一连串的报道来领导交公粮。

领导生产，整个情况不算坏。毛主席指示新区要保持原有的生产水平，不使降低，老区还要"长一寸"，这就不容易。当前，农民的生产积极性有了提高。但是开荒不要鼓励，开荒要砍树，现在四川最大的问题是树林少。有的地方报告，他们从佃富农那里调剂了一部分土地给贫农，据说是自愿的。这样的事报纸不能写社论表扬，不能写消息传播。生产中主要一条方针是不要乱动。凡是无把握的事要慎重一些，先研究一番，或者写个东西，说这个好，但也存在哪些危险性，使群众从另一方面再考虑，这也就是领导。

调整工商业，主要是城市。我们的政策是调节劳资，两利兼顾，否则对整个国民经济不利。我们要扶助有益于国计民生的私营工商业，鼓励私人生产的积极性。资方要改善管理，降低成本。最近报上登了些私营纱厂解决困难的报道，应该登，用私营企业的榜样来实现对私营企业的领导。我们扶植进步的、有前途的私营企业，没有前途的要指导转产。调整工商业涉及三个方面的问题，一资、二劳、三公，一切都要引导到发展生产力。共产党就是为发展社会生产力的，否则就违背了马克思主义理论。上海一件纱卖五百万元，这里要九百万元，谁来买？不能把关税壁垒搬到三峡来，再来个封建割据。据说有的工商业家对我们的政策有抵触，但他又确实在改，那就好，改好了会感到我们的政策对他是有帮助的。我们正处在大改革之中，破坏是难免的。管理非常不合理的要垮，投机的也要垮。

香烛纸钱等迷信品的生产是没有前途的。有些东西的生产现在要减少，但十年之后还会有发展，如化妆品。我们要引导工商业向健全的方向发展。物价稳定对工商业有好处，最近一些贷款也是在这个基础上才贷出的。对贷款要进行指导，指定用途。如贷给民生公司二十多亿，指定买煤、修船，这样也解决了煤矿业和机器业的一些问题。钱贷出去以后要检查，使之用到适当的地方，否则就造成无政府状态。有些东西生产超过市场需要太多，销不出去就有了问题，要指导转产。

失业主要在大城市。据说重庆有五万人（全市工人二十五万），贵阳一万人（全市工人三万），成都两万人。对失业人员，要妥善安排和救济。

解决以上这些问题，主要是开各界人民代表会，这是联系群众最好、最主要的办法。在干部中要进行整风，反对官僚主义和命令主义。哪怕是辛辛苦苦的官僚主义也好，哪怕是艰苦奋斗的命令主义也好，都在反对之列。

中央要公布土地法，要无例外地领导各阶层人民学习，因为都牵涉到。学得好，为明年土改作准备，也为今年减租作准备。报纸要组织学习、讨论，使党内党外都知道。"十目所视，十手所指"，大家都学习了，了解了，就不容许干部乱干了，对整个领导有好处。

上面说的这些问题，都是报纸要实现领导的任务。在突出的方面要集中力量，有的时候用整版来登，用一个月时间，发表一连串的评论、社论来宣传和贯彻。这样人们就注意了。有没有力量，不仅是质，也有量的问题。质是要准确性，量也要加大，各方面围绕于此，才有力量。

开展批评与自我批评，《新华日报》最近做得好一些。过去报喜不报忧，现在也报忧了，这就可以医治自满和麻痹。报纸最有力量的是批评与自我批评。中央过去表扬了几个报，主要因为他们实现了批评与自我批评，是非弄得很清楚，应该做的和不应该做的弄得很明确。报纸搞批评，要抓住典型，有头有尾，向积极方面诱导，有时还要有意识地作好坏对比。这样的批评与自我批评才有力量，才说明是为了改进工作，而不是消极的。什么叫生动活泼？不在文字长短，而是要写出生动的过程，而且有结果。我们有的批评往往只是把问题摆出来了，没有下文。描写过程也不能冗长。批评与自我批评要大大发扬，我们还很不够。领导上，党委和政府，要全力支持通讯员写批评稿，现在敢说话的人太少，要鼓励说话。对有些与事实不符的批评，必要时也要提醒和说明。

从领导来看，办报是大家办报，从新闻工作者自己来看，也是大家办报。报纸真的同实际、同群众联系好了，报纸办好了，对领导是最大的帮助。常常有这样的情况：党和政府听不到的，报纸能听到，它能摸到社会的脉搏。目前最突出的问题是什么，把读者来信加以综合研究，常常就能看出来。

任何一个任务不是一家报纸所能完成的。各家报纸接触面不同，要各方面努力，才能把党和政府的声音普遍传播到各阶层群众中去。

第一，这份报告阐明了党报工作的理论原理，对我们党的党报理论作出了与时俱进的丰富、发展、完善。我们前面的研究表明，延安时期是中国共产党党报理论形成的关键时期，其中，《解放日报》的改版是一个标志性事件。当时，改版的目标和任务是为了坚持党性原则，突出党性原则的作用。在改版过程中，社论将党报的品质和传统概括为"党性、群众性、战斗性、组织性"，又称"四性一统"。此后，毛泽东进一步对党报工作的理论原理进行了阐述，涉及党报的性质地位、功能作用、方针原则、策略方法等，使得我们党的党报工作理论形成了较为完整的理论框架和知识体系。这份报告可以说是邓小平对党报工作理论原理的继承与发展。

这份报告并没有直接使用党性、群众性、战斗性、组织性等几个概念，但邓小平基于对我们党的党报工作理论原理的自觉理解和运用，围绕这几个概念进行了延伸拓展，换言之，他所阐述的内容，实际上印证、回应、丰富着这几个概念。如，他用"笔杆子"来定位党报工作，这个概念既涉及党报的性质地位，也涉及党报的功能作用。此前，我们经常使用"喉舌""武器""工具""阵地"等称谓来比喻党报的性质和功能。邓小平使用的"笔杆子"，形象、生动，易于理解。他还直截了当地说明拿笔杆的重要、新闻工作的重要，特别是重点谈了领导机关和领导同志怎样运用和领导好报纸的问题，这个问题实质上就是坚持党性原则的问题。在这份报告中，邓小平集中阐述了办好党报的三个条件，即"结合实际、联系群众、批评和自我批评"。其中，"结合实际"讲的是坚持一切从实际出发、实事求是的思想路线及其思想方法、工作方法和领导方法，党报工作必须坚持党的思想路线，既不能脱离实际，也不能不了解实际；"联系群众"讲的是群众路线问题，群众路线是我们党的生命线和根本工作路线，是我们党永葆青春活力和战斗力的重要传家宝，党报工作必须始终保持党同人民群众的血肉联系，一刻也不脱离群众；"批评和自我批评"讲的是改进思想作风和工作作风的有效方法，毛泽东同志讲过，"党内批评是坚强党的组织、增强党的战斗力的武器"，党报工作必须增强这种战斗性、战斗力。可以看出，这些内容都与党报的党性、群众性、战斗性、组织性紧密联系。值得注意的是，邓小平在这里特别强调"办好报纸的前提在领导"。坚持党的领导与坚持党性原则是一致的，党的领导做得越好，贯彻得越坚定彻底，坚持党性原则的根基就越牢固，党报工作就越有声有色。可以说，邓小平用他特有的表达和风格，表明了他自己对党报工作和坚持党性原则的认识与理解，并较为完整地阐述了党报工作的理论原理。

第二，这份报告既丰富了我们党的新闻理论，也丰富了我们党的新闻党性说。邓小平用自己的新闻宣传工作实践经验和理论思考，对党的新闻思想作了许多创新性阐述，特别是作为一位主管西南大区工作的地方党委的主要领导，对如何办好地方报刊作了独到的分析和论述，从而充实和丰富了党的新闻思想。如，毛泽东在对《晋绥日报》编辑人员的谈话中，开门见山一上来就谈到"报纸的作用和力量"的问题。邓小平的这份报告，同样聚焦报纸的力量问题，他的思考落脚点指向如何把报纸办得有力量。前面我们已经介绍，这份报告集中阐述了办好党报的三个条件，即"结合实际、联系群众、批评和自我批评"，在此基础上，邓小平主张，这三条离开了领导也搞不好，报纸就没有力量。这表明，只有坚持党的领导，在党的领导下做到这三条、做好这三条，报纸才能有力量，才能发挥作用。因此，党的领导是带有统领性的，邓小平用党的领导统领办报"三条"，这对于我们今天坚持党性原则具有十分重要的启示意义。正是基于党性与党的领导之间的本质关联的洞察，我们今天才明确强调，坚持党性原则，最根本的是坚持党对新闻舆论工作的领导。党和政府主办的媒体是党和政府的宣传阵地，必须姓党，必须抓在党的手里，必须成为党和人民的喉舌，党报党刊一定要无条件地宣传党的主张。无论时代如何发展、媒体格局如何变化，党管媒体的原则和制度不能变。可见，在这份报告中，邓小平把坚持党的领导和办报"三条"放在一起加以详细阐述，体现出自觉的理论创新。一方面，对新闻舆论工作坚持党性原则给予了有力的奠基和展开；另一方面，与我们党的"三大作风"理论相贯通，体现了理论的融汇性。后来，邓小平围绕对党性原则的认识提出党性也包括联系群众、艰苦朴素、实事求是等，与这份报告具有一脉相承的关联，体现出其新闻思想的基本逻辑：在他看来，党性决不仅是对党的决议、原则、纪律等的思想认同与组织服从，还应该包括我们党在长期实践中所形成的思想路线、工作作风、传统经验。

1980年1月16日，邓小平在中共中央召集的干部会议上发表《目前的形势和任务》讲话，提出反对霸权主义、维护世界和平，台湾归回祖国、实现祖国统一，加紧四个现代化建设三大任务。在这篇讲话中，邓小平明确对新闻工作提出要求，集中在以下两个段落中：

为了实现安定固结，宣传、教育、理论、文艺部门的同志们，要从各方面来共同努力。毫无疑问，这些方面的工作搞好了，可以在保障、维护和发展安定团结的政治局面方面起非常大的作用。但是如果出了大的偏差，也可以助长不安定因素的发展。我们希望报刊上对安定团结的必要性进行更多的思想理论上的解释，这就是说，要大力宣传社会主义的优越性，宣传马克思列宁主义、毛泽东思想的正确性，宣传党的领导、党和人民群众团结一致的威力，宣传社会主义中国的巨大成就和无限前途，宣传为社会主义中国的前途而奋斗是当代青年的最崇高的使命和荣誉。总之，要使我们党的报刊成为全国安定团结的思想上的中心。报刊、广播，电视都要把促进安定团结，提高青年的社会主义觉悟，作为自己的一项经常性的、基本的任务。报刊、广播、电视三年来都有很大的成绩，总的来说是好的，但是也有不足之处。在这些部门工作的同志，也需要经常倾听来自各方面的不同意见，分析和改进自己的工作。文艺界刚开了文代会，我们讲，对写什么，怎么写，不要横加干涉，这就加重了文艺工作者的责任和对自己工作的要求。我们坚持"双百"方针和"三不主义"，不继续提文艺从属于政治这样的口号，因为这个口号容易成为对文艺横加干涉的理论根据，长期的实践证明它对文艺的发展利少害多。但是，这当然不是说文艺可以脱离政治。文艺是不可能脱离政治的。任何进步的、革命的文艺工作者都不能不考虑作品的社会影响，不能不考虑人民的利益、国家的利益、党的利益。培养社会主义新人就是政治。社会主义新人当然要努力去实现人民的利益，捍卫社会主义祖国的荣誉，为社会主义祖国的前途而英勇献身。文艺工作对人民特别是青年的思想倾向有很大影响，对社会的安定团结有很大影响。我们衷心地希望，文艺界所有的同志，以及从事教育、新闻、理论工作和其他意识形态工作的同志，都经常地、自觉地以大局为重，为提高人民和青年的社会主义觉悟奋斗不懈。①

　　这里我要说，这几条里面，最重要的就是全党服从中央。中央犯过错误，这早已由中央自己纠正了，任何人都不允许以此为借口来抵制中央的领导。只有全党严格服从中央，党才能够领导全体党员和全国人民为实现现代化的伟大任务而战斗。任何人如果严重破坏这一条，各级党组织和各级纪律检查委员会就必须对他严格执行纪律处分，因为这是党的最高利益所在，也是全国人民的最高利益所在。我们要坚决发扬党的民主，保障党的民主。党员对于党的决定有意见，可以通过组织发表，可以保留自己的意见，可以通过组织也可以直接向中央提出自己的意见。从中央起，各级党组织都要认真考虑这些意见。但是，中央决定了的东西，党的组织决定了的东西，在没有改变以前，必须服从，必须按照党的决定发表意见，不允许对党中央的路线、方针、政策任意散布不信任、不满和反对的意见。党报党刊一定要无条件地宣传党的主张。对党的工作中的缺点和错误，党员当然有权利进行批评，但是这种批评应该是建设性的批评，应该提出积极的改进意见。现在不是讲什么这样那样的问题可以讨论吗？可以讨论，但是，在什么范围讨论，用什么形式讨论，要合乎党的原则，遵守党的决定。否则，如果人人自行其是，不在行动上执行中央的方针政策和决定，

---

① 《邓小平文选》第二卷，人民出版社1994年版，第255-256页。

党就要涣散，就不可能统一，不可能有战斗力。因此，必须坚决肃清由"四人帮"带到党内来的无政府主义思潮以及在党内新出现的形形色色的资产阶级自由主义思潮。只有坚决保证党的统一和战斗力，才能完成我们今天所提出的各项任务。[①]

综合以上重点文献内容和相关文本，我们可以得出结论：邓小平坚定地站在党和国家工作大局的战略高度，着眼于坚守社会主义舆论阵地，特别是清除资产阶级自由化思潮影响，突出强调了一系列重要观点，包括：党报党刊要无条件地宣传党的主张；党的新闻事业应当坚持并维护四项基本原则，成为全国安定团结的思想上的中心；新闻工作应当把工作重点转移到社会主义经济建设的宣传上来，在服务四化建设方面发挥积极作用；新闻工作要坚持改革，要为党和国家改革开放的总方针服务；新闻工作要把社会效益放在第一位，坚持社会效益与经济效益的统一……邓小平的新闻党性说，无疑为当时党的新闻宣传工作指明了正确方向，确定了科学指针。

这里，我们需要注意邓小平与毛泽东在新闻党性问题上的一脉相承。他们强调党报党刊一定要无条件地宣传党的主张，必须坚持党性原则。毛泽东一再强调传达政令和宣传政策是报刊的主要社会功能。他说，党报必须无条件地宣传中央的路线和政策。报纸的作用和力量，就在于它能使党的纲领路线、方针政策、工作任务和工作方法，最迅速、最广泛地同群众

---

①《邓小平文选》第二卷，人民出版社1994年版，第271-272页。

见面。增强报刊宣传的党性原则，确保新闻宣传坚持正确的政治方向，是毛泽东新闻思想中的核心内容。正是在这一根本原则的基础上他进一步提出"全党办报""政治家办报""务使通讯社及报社的宣传完全符合于党的政策"等一系列对于新闻工作的政治要求。邓小平继承并发展了毛泽东的这一新闻思想。1980年1月，邓小平在中共中央召集的干部会议上指出，中央决定了的东西，党的组织决定了的东西，在没有改变之前，必须服从，必须按照党的决定发表意见，不允许对党中央的路线、方针、政策任意散布不信任、不满和反对意见，党报党刊一定要无条件地宣传党的主张。这是在新的历史时期，针对当时资产阶级自由化泛滥的情况，对党的新闻工作必须坚持党性原则的具体化要求，也就是说，党的新闻舆论工具，必须在政治上、思想上、行动上与党中央保持完全一致，绝不允许违背党性原则，这是邓小平新闻理论中贯穿始终的指导思想。

邓小平作为党的第二代领导集体的核心，作为改革开放的总设计师，领导全党和全国人民拨乱反正，解放思想，实行改革开放，推进社会主义现代化建设。与此同时，他根据党和国家改革开放的中心任务和新闻工作的实际需要，就党的新闻工作如何总结"文化大革命"历史教训，恢复以往优良传统，坚持正确政治方向，清除资产阶级自由化思潮影响，推进新闻事业全面改革，提出了一系列新思想新观点新判断。正是在指导党的新闻工作服务改革开放事业及党和国家工作大局的实践中，邓小平形成了自己的较为完整的新闻思想，为中国共产党新闻思想充实了丰富的内容，为推进马克思主义新闻观中国化做出了重要贡献。正是在这样的"新闻党性"说引领下，当时全国媒体大力宣传社会主义的优越性，宣传马克思列宁主义、毛泽东思想的正确性，宣传党的领导、党和人民团结一致的威力，宣传社会主义中国的巨大成就和无限前途，宣传为社会主义中国前途而奋斗是当代青年的最崇高的使命和荣誉，激励广大群众，特别是青年人坚定理想信念，拥护党的领导，自觉投身社会主义现代化建设等，形成了共同奋斗的强大力量，真正发挥了新闻媒体作为"思想中心"的功能和作用，为全党和全国人民"同心干四化"营造了良好的舆论氛围，从而确保了我国新闻媒体能够紧紧围绕党和国家改革开放总方针和经济建设中心任务，发挥思想引导和政治保障作用。

党的十五大以来，江泽民同志多次强调，新闻宣传要从事实中寻找真相，充分理解舆论意见，坚持党性原则，为舆论指出正确方向，所以新闻工作者"必须讲政治"。①新闻出版和广播影视必须坚持正确导向，互联网站要成为传播先进文化的重要阵地。新闻工作作为意识形态、上层建筑的一部分，自然要为其依附的经济基础服务，这在任何国家任何社会都是如此。新闻传媒只有当谁的喉舌之分，而没有当不当喉舌之别。新闻传媒的喉舌性是由新闻传媒的阶级性和倾向性决定的。党的新闻事业是党、政府和人民的喉舌，这是马克思主义新闻思想的一个基本观点。"喉舌"这一词确切表达了党的新闻事业的根本性质和基本职能，指明了党领导的新闻事业的正确的政治方向，指出了做好党的新闻工作的关键所在，规定了

---

① 江泽民：《接见解放军报社师以上干部时的讲话》，《人民日报》1996年1月22日，第1版。

党的新闻工作者的神圣职责。用"喉舌"一词表述新闻事业的性质，这是马克思主义新闻理论的一贯主张，是无产阶级新闻工作的光荣传统。在改革开放和发展市场经济新时期，一些受资产阶级新闻思想影响的同志，认为"喉舌论"思想是过去革命战争时期和计划经济时期的产物，已经不能适应市场经济的需要，认为强调喉舌性会影响新闻报道的客观性，强调喉舌性会影响按新闻规律办事，会影响新闻传媒传播信息这一基本功能的发挥。面对这些新情况、新问题，江泽民同志继承和发展了马克思主义新闻观，在他担任总书记后第一次关于新闻工作的讲话中就明确提出："我们国家的报纸、广播、电视等是党、政府和人民的喉舌。这既说明了新闻工作的性质，又说明了它在党和国家工作中的极其重要的地位和作用。"[1]江泽民同志的这一观点坚持和捍卫了马克思主义新闻理论的核心内容即"喉舌论"思想。他在以后关于新闻工作的讲话中一直坚持这一观点，并作了进一步的阐述。1996年1月，他在接见解放军报社师以上干部的讲话中指出："《解放军报》是中央军委机关报，是我国武装力量的喉舌，是我军舆论宣传工作的一个十分重要的阵地。"1996年9月，他在视察人民日报社时提出，"舆论导向正确，是党和人民之福；舆论导向错误，是党和人民之祸"，"党的新闻事业与党休戚与共，是党的生命的一部分"，"舆论工作就是思想政治工作，是党和国家的前途和命运所系的工作"[2]。2001

①中共中央文献研究室：《十三大以来重要文献选编》（中），人民出版社1991年版，第766页。
②中共中央文献研究室：《十三大以来重要文献选编》（中），人民出版社1991年版，第766页。

年1月，他在全国宣传部长会议上发表重要讲话，又一次强调"新闻媒体是党和人民的喉舌"这一论断，要求新闻媒体应准确、鲜明、生动地宣传中央的精神，及时、如实、充分地反映人民群众的意愿。江泽民同志的"喉舌论"思想，始终着眼于新闻媒体的政治属性，把新闻工作作为党的事业的重要部分来强调；始终着眼于党和人民的主体地位，把新闻媒体作为党和人民的喉舌来定性；始终着眼于新闻工作的重要作用，把新闻工作的性质、地位和作用联系起来阐述。这样，"喉舌论"思想更加鲜明、更加准确、更加全面。江泽民同志的"喉舌论"思想有力地坚持和发展了马克思主义新闻理论的"喉舌论"思想，深刻揭示了中国特色社会主义新闻事业的根本属性。

江泽民同志十分强调坚持正确舆论导向的极端重要性。1989年，他在省报总编辑新闻工作研讨班上认真总结了一些新闻单位的教训后指出："新闻宣传一旦出了大问题，舆论工具不掌握在真正的马克思主义者手中，不按照党和人民的意志、利益进行舆论导向，会带来多么严重的危害和巨大的损失。"[1]1996年，在全国宣传部长会议上，江泽民就"关于以正确的舆论引导人"作出了具体而明确的论述：

一是要激励人民。用正确的舆论引导人，最根本的是，动员全党同志和全国各族人民为实现党的基本路线而奋斗，为实现人民群众的根本利

---

[1]转引自徐光春：《马克思主义新闻理论的丰富和发展》，《人民日报》2004年10月25日，第9版。

益而奋斗，坚定不移地推进建设有中国特色社会主义事业。我们的一切宣传，都要有利于党的团结和人民群众的团结，有利于人们奋发向上。

二是要服务大局。正确处理改革、发展、稳定三者的关系，更好地为全党全国工作大局服务，是新闻舆论工作需要十分重视和认真研究的问题。在宣传党的基本理论、基本路线和方针政策上要全面准确。在事关人民利益、党的原则、国家安全、民族团结、对外关系等重大问题上，宣传报道一定要符合中央的精神。报刊、通讯社、广播电台、电视台、出版社，都要把促进改革、推动发展、维护稳定作为自己工作的准则和目标。

三是要加强管理。坚持正确的舆论导向，要靠宣传思想工作部门各单位共同努力，不断提高工作水平，同时还要加强宏观管理。这是近些年来创造的一条重要经验。要按照马克思主义新闻观，按照为人民服务、为社会主义服务、为全党全国工作大局服务的要求，加强对舆论宣传的指导、监督和管理。在这方面，领导干部思想一定要统一。我们要不断总结在新的形势下加强舆论宣传管理的经验。要不断提高新闻宣传的质量，使之更加为人民群众所喜闻乐见。①

舆论导向正确，人心凝聚，精神振奋；舆论导向失误，后果严重。历史经验反复证明，舆论导向正确与否，对于我们党的成长、壮大，对于人民政权的建立、巩固，对于人民的团结和国家的繁荣富强，具有重要的作用。因此，引导舆论，至关重要，新闻宣传工作始终肩负着"以正确的舆

①《江泽民文选》第1卷，人民出版社2006年版，第502页。

论引导人"的光荣使命和艰巨任务。

学习这些论述，我们深深体会到：引导舆论是新闻工作的使命和任务，而导向是否正确，关系到舆论引导的成功还是失败，而这种成功与失败，绝不是一般工作的成功与失败，直接关系到党和人民的福与祸。因此，牢牢把握正确的导向是新闻工作的首要政治责任，是搞好新闻工作的根本所在。可以说，江泽民同志重申、发展和丰富了新闻传播事业党性原则的科学内涵，在党的新闻发展史上第一次把党性原则作为新闻工作的"首要的一条"，有着极其深刻的理论意义和实践意义。党性原则是社会主义新闻事业的根本原则。江泽民同志结合时代发展的新形势，把新闻事业的党性原则提到一个新的高度，反复强调旗帜鲜明地坚持党性原则，在坚持党性原则上不允许有任何的含糊和动摇。这表明，新闻传播事业在改革开放和社会主义现代化建设中的党性原则只能强化和提高，而不能有丝毫的削弱。同时，江泽民同志对"政治家办报"的内涵作了新的阐述。他指出："毛主席过去讲过：'搞新闻工作，要政治家办报。'这一指示精神至今仍然具有重要的指导意义。新闻作为一种意识形态，作为宣传、教育、动员人民群众的一种舆论形式，总是直接或间接地反映我们党和国家的政治立场、政治主张和政治观点……因此，报社的同志，必须讲政治，必须具有良好的政治素质，具有很强的政治鉴别力和政治敏锐性，必须树立高度的政治责任感。"[1]他认为这是坚持正确的办报方向，始终保持正确

----

① 闫韵：《江泽民同志理论论述大事纪要》，中共中央党校出版社1998年版，第484页。

的舆论导向的关键所在。江泽民同志的这一论述，进一步深化了"政治家办报"的科学内涵，为我们理解和把握这一要求指明了方向，有着极其深刻的理论意义和实践意义。

党的十六大以来，胡锦涛对于新闻事业的发展发表了一系列重要讲话，尤其是2002年1月在全国宣传部长会议上的讲话，2003年12月在全国宣传思想工作会议上的讲话，2006年1月视察解放军报社的讲话，2008年6月视察人民日报社的讲话，等等。这些重要讲话立足全党全国工作大局，高度评价了新闻宣传工作的重要地位，强调了新形势下做好新闻宣传和舆论引导工作的重要意义，阐述了新形势下新闻宣传和舆论引导工作的任务，对新闻宣传战线提出了新的要求。如何在新形势下坚持新闻工作的党性原则，是必须严肃对待的一个新课题。胡锦涛在2002年1月全国宣传部长会议上强调，"我们的新闻媒体是党和人民的喉舌，一定要坚持新闻工作的党性原则，坚持团结稳定鼓劲、正面宣传为主的方针，牢牢把握正确的舆论导向，努力营造昂扬向上、团结奋进、开拓创新的良好氛围"[1]。在视察人民日报社的重要讲话中，胡锦涛对新闻宣传工作提出的第一个明确要求就是必须坚持党性原则，牢牢把握正确舆论导向。这是对马克思主义新闻观的最基本也是最本质的坚持。新闻宣传工作的党性原则是一个政党的政治主张、思想意识和组织原则在新闻活动中的体现。在中国特色社会主义伟大事业中，新闻媒体是党和人民的喉舌，必须坚持团结稳定鼓劲、正

---

[1] 胡锦涛：《围绕中心　服务大局　高度重视并切实做好统一思想的工作》，《光明日报》2002年1月12日，第1版。

面宣传为主的方针，牢牢把握正确的舆论导向，努力营造昂扬向上、团结奋进、开拓创新的良好氛围。坚持党性原则，牢牢把握正确舆论导向，要求新闻媒体必须全面、准确、生动地宣传马克思列宁主义、毛泽东思想、邓小平理论和"三个代表"重要思想以及科学发展观，紧密联系社会主义现代化建设和改革开放的实际，紧密联系广大人民群众的思想实际，着力解决思想问题和理论问题；要求新闻媒体必须全面、准确、生动地宣传党的纲领、路线、方针、政策，使之成为广大人民群众的自觉行动，不允许在党和国家的报刊、广播、电视以及网络媒体的公开报道中发表同党的纲领、路线、方针、政策相反的言论；要求新闻媒体必须坚持党的领导，遵守党的组织原则和宣传纪律，坚持我党在长期实践中形成的党管宣传、党管意识形态的重要原则和制度；要求新闻媒体必须深刻认识社会主义新闻事业的党性与人民利益的一致性，更加自觉主动地为人民服务、为社会主义服务、为党和国家的工作大局服务。

进一步，由坚持党性原则又具体展开了相关论断。比如，必须坚持以人为本，增强新闻报道的亲和力、吸引力、感染力。以人为本是科学发展观的核心，也是胡锦涛新闻思想的重要内容。坚持以人为本，增强新闻报道的亲和力、吸引力、感染力，是新闻工作中贯彻落实科学发展观的具体体现。从根本立场和理论支点来看，我们党坚持把实现好、维护好、发展好最广大人民的根本利益作为新闻宣传工作的出发点和落脚点。为此，必须坚持"贴近实际、贴近生活、贴近群众"的"三贴近"原则，把体现党的主张和反映人民心声统一起来，把坚持正确导向和通达社情民意统一起来，尊重人民主体地位，发挥人民首创精神，保证人民的知情权、参与权、表达权、监督权。这种党性原则和人民性原则的完美统一，是立党为公、执政为民、以人为本的执政理念和权为民所用、情为民所系、利为民所谋的亲民思想在新闻宣传工作中的生动体现。再如，必须加强主流媒体建设和新兴媒体建设，形成舆论引导新格局。主流媒体建设和新兴媒体建设是当前舆论引导的两个重要方面。主流媒体有着"一言兴邦、一言丧邦"的重要影响，在宣传与引导舆论上发挥着主导作用。以互联网为代表的新兴媒体蓬勃发展，对我国经济、文化、社会和政治生活的介入程度越来越高，在营造社会舆论方面发挥着越来越重要的作用。胡锦涛在视察人民日报社时强调，"必须加强主流媒体建设和新兴媒体建设，形成舆论引导新格局。要从社会舆论多层次的实际出发，把握媒体分众化、对象化的新趋势，以党报党刊、电台电视台为主，整合都市类媒体、网络媒体等多种宣传资源，努力构建定位明确、特色鲜明、功能互补、覆盖广泛的舆论引导新格局"[1]。这是在顺应情势把握潮流基础上作出的科学判断。加强主流媒体建设，必须加强主流媒体的公信力建设，牢牢把握党性原则，坚持正确的政治方向。在政治上必须始终与党中央保持高度一致，坚持"党管宣传、党管媒体"的重大原则，严格遵守党的组织纪律和新闻宣传纪律，满足人民群众及时获取真实可靠信息的需求，让人民群众既在潜移默化中受到教育，又强烈感受到主流媒体的政治品位。必须加强主流媒体的吸引

---

①吴绮敏、孙承斌：《唱响奋进凯歌 弘扬民族精神——记胡锦涛总书记在人民日报社考察工作》，《光明日报》2008年6月21日，第1版。

力建设，不断提升文化品位，创作一批具有深刻文化内涵的精品力作。建立和完善新闻宣传各项管理制度，确保导向正确，确保品位高雅。必须加强主流媒体的发展力建设，切实增强经济实力。要加大投资力度，加快主流媒体事业建设步伐，不断增强主流媒体事业滚动发展的能力，更好地推动主流媒体舆论主导力的建设。在大力加强主流媒体建设的同时，还必须注重加强对新兴媒体的建设，特别要高度重视互联网的建设运用和管理。必须重视互联网的建设，加强政府网站的建设，强化政府网站的媒体功能，有效提高政府的舆论引导能力。必须重视互联网的运用，运用好网络论坛等新的网络应用形式，充分发挥网络论坛的积极正面作用，避免消极负面作用，使之在凝聚强大精神力量方面，在营造健康向上、丰富生动的主流舆论方面，在促进社会和谐方面发挥积极作用。必须重视互联网的监管，努力使互联网成为传播社会主义先进文化的前沿阵地、提供公共文化服务的有效平台、促进人们精神生活健康发展的广阔空间。与此同时，必须正视并着力解决"黑客"、病毒、垃圾邮件不断增多、传播淫秽色情信息等问题，最大限度地避免互联网的消极负面作用。

可以说，改革开放以来，我们党的新闻党性说，比较集中地强调坚持党性原则，增强政治敏锐性和政治鉴别力，牢固树立政治意识、大局意识、责任意识、阵地意识，把体现党的主张与反映人民心声统一起来，把坚持正确舆论导向与通达社情民意统一起来。

第三章

最新成果：中国特色社会主义新时代的新闻党性论

党的十八大以来，中国特色社会主义进入新时代。以习近平同志为主要代表的中国共产党人，坚持把马克思主义基本原理同中国具体实际相结合、同中华优秀传统文化相结合，坚持毛泽东思想、邓小平理论、"三个代表"重要思想、科学发展观，深刻总结并充分运用党成立以来的历史经验，从新的实际出发，创立了习近平新时代中国特色社会主义思想。我们要研究的中国特色社会主义新时代的新闻党性论，实质上就是习近平新时代中国特色社会主义思想的有机组成部分，是这一思想在新闻舆论工作中运用的结果。习近平总书记清晰阐明了党性原则的深刻内涵，有力指出了践行这一原则的实践方法，使得中国共产党人的新闻党性思想至此更加体系化、逻辑化、学理化，也更加具有时代性的实践指导意义。

2016年2月19日，习近平总书记用整整一天时间，深入人民日报社、新华社、中央电视台实地调研，同记者交谈、与群众连线、观主题展览，并主持召开党的新闻舆论工作座谈会。在这次座谈会上，习近平总书记强调，党的新闻舆论工作是党的一项重要工作，是治国理政、定国安邦的大事，要适应国内外形势发展，从党的工作全局出发把握定位，坚持党的领导，坚持正确政治方向，坚持以人民为中心的工作导向，尊重新闻传播规律，创新方法手段，切实提高党的新闻舆论传播力、引导力、影响力、公信力。在新的时代条件下，党的新闻舆论工作的职责和使命是：高举旗帜、引领导向，围绕中心、服务大局，团结人民、鼓舞士气，成风化人、凝心聚力，澄清谬误、明辨是非，联接中外、沟通世界。要承担起这个职责和使命，必须把政治方向摆在第一位，牢牢坚持党性原则，牢牢坚持马克思主义新闻观，牢牢坚持正确舆论导向，牢牢坚持正面宣传为主。党的新闻舆论工作坚持党性原则，最根本的是坚持党对新闻舆论工作的领导。[①]我们要研究中国特色社会主义新时代的新闻党性论，核心就是研究习近平总书记关于新闻党性的一系列重要论述，把这些重要论述作为一个整体，用发展的眼光加以阐释、用辩证的思维加以学习、用系统的观点加以运用。中共中央党史和文献研究院编辑的习近平总书记的《论党的宣传思想工作》一书，收入了习近平总书记2013年8月19日至2020年2月23日期间关于党的宣传思想工作的重要文稿52篇，其中，《坚持党的新闻舆论工作的正确政治方向》是2016年2月19日习近平同志在党的新闻舆论工作座谈会上讲话的一部分，也是我们重点研究的文本依据。

坚持党的新闻舆论工作的正确政治方向[②]

（二○一六年二月十九日）

在新的时代条件下，党的新闻舆论工作的职责和使命是，高举旗帜、引领导向，围绕中心、服务大局，团结人民、鼓舞士气，成风化人、凝心聚力，澄清谬误、明辨是非，联接中外、沟通世界。要承担起这个职责和使命，坚持正确政治方向是第一位的。要做到以下几点。

第一，牢牢坚持党性原则。党性原则是党的新闻舆论工作的根本原则。党管宣传、党管意识形态、党管媒体是坚持党的领导的重要方面。党

①《习近平在党的新闻舆论工作座谈会上强调　坚持正确方向创新方法手段　提高新闻舆论传播力引导力　刘云山出席》，《光明日报》2016年2月20日，第1版。
②习近平：《论党的宣传思想工作》，中央文献出版社2020年版，第181-190页。

性原则不仅要讲，而且要理直气壮讲，不能躲躲闪闪、扭扭捏捏。二〇〇六年，我在浙江工作时，对浙江省做好新闻舆论工作提出了十二个字的要求，即"为党为民、激浊扬清、贵耳重目"，其中就把为党为民放在第一位来强调。

坚持党性原则，最根本的是坚持党对新闻舆论工作的领导。党和政府主办的媒体是党和政府的宣传阵地，必须姓党，必须抓在党的手里，必须成为党和人民的喉舌，"党报党刊一定要无条件地宣传党的主张"。无论时代如何发展、媒体格局如何变化，党管媒体的原则和制度不能变。

坚持党性原则，必须自觉在思想上政治上行动上同党中央保持高度一致。报刊、通讯社、电台、电视台、新闻网站的所有工作都必须体现党的意志、反映党的主张，必须维护党中央权威、维护党的团结，做到爱党、护党、为党。要增强看齐意识，自觉向党中央看齐，自觉向党的理论和路线方针政策看齐，自觉向党中央决策部署看齐。要增强战略定力、站稳政治立场，在"乱花渐欲迷人眼"的诱惑干扰面前，保持"乱云飞渡仍从容"的政治定力，决不能发表同党中央不一致的声音，决不能为错误思想言论提供传播渠道。

坚持党性原则，必须加深对党性和人民性关系的认识。这个问题，我在全国宣传思想工作会议上重点讲了。在中国共产党领导的社会主义中国，党性和人民性是一致的、统一的。我们党以全心全意为人民服务为根本宗旨，没有自己的特殊利益，体现党的意志就是体现人民的意志，宣传党的主张就是宣传人民的主张，坚持党性就是坚持人民性。党性寓于人民性之中，没有脱离人民性的党性，也没有脱离党性的人民性。那些"你是替党讲话，还是替老百姓讲话"、"你是站在党的一边，还是站在群众一边"的论调，把党性和人民性对立起来，在思想上是糊涂的，在理论上是错误的，在实践上是有害的。

坚持党性，新闻舆论工作才能有明确的立场和指向；坚持人民性，新闻舆论工作才能获得活力源泉和动力根基。只有坚持党性原则，坚持以人民为中心的工作导向，才能确保新闻媒体始终为人民服务，而不是为少数人服务。新闻媒体要把对党负责和对人民负责统一起来、把服务群众同教育引导群众结合起来、把满足需求同提高素养结合起来，更好把党的理论和路线方针政策变成人民群众的自觉行动，及时把人民群众创造的经验和面临的实际情况反映出来，丰富人民精神世界，增强人民精神力量。

坚持党管媒体原则，还有一些重要问题要深入研究，还有很多工作要做。

我多次讲，过不了互联网这一关，就过不了长期执政这一关。党管媒体，不能说只管党直接掌握的媒体。党管媒体是把各级各类媒体都置于党的领导之下，这个领导不是"隔靴搔痒式"领导，方式可以有区别，但不能让党管媒体的原则被架空。

管好用好互联网，是新形势下掌控新闻舆论阵地的关键，重点要解决好谁来管、怎么管的问题。有些人企图让互联网成为当代中国最大的变量。要把党管媒体的原则贯彻到新媒体领域，所有从事新闻信息服务、具有媒体属性和舆论动员功能的传播平台都要纳入管理范围，所有新闻信息服务和相关业务从业人员都要实行准入管理。有关部门要认真研究，拿出管用的办法。

第二，牢牢坚持马克思主义新闻观。新闻观是新闻舆论工作的灵魂。山无脊梁要塌方，人无脊梁会垮掉。党的新闻舆论工作必须挺起精神脊梁。古人说："先立乎其大者，则其小者不能夺也。"对党的新闻舆论工作来说，这个"大"，就是马克思主义新闻观。要深入开展马克思主义新闻观教育，把马克思主义新闻观作为党的新闻舆论工作的"定盘星"，引导广大新闻舆论工作者做党的政策主张的传播者、时代风云的记录者、社会进步的推动者、公平正义的守望者。

一些人宣扬西方新闻观，标榜西方媒体是"社会公器"、"第四权力"、"无冕之王"，鼓吹抽象的绝对的"新闻自由"。少数人打着"新闻自由"的旗号，专挑重大政治原则说事，公然攻击中国共产党的领导体制和我国社会主义制度。有的不顾起码的是非曲直，以骂主流为乐、反主流成瘾，怪话连篇，谎话连篇。表面上，西方媒体也有很多负面报道，但仔细看看，这些负面报道主要有三类，一类是对其他国家的负面报道，再一类是对丑闻、色情、血腥、暴力、名人、隐私等黄赌毒、星性腥等报道，第三类是一些小题大做、"小骂大帮忙"的报道，而涉及资本主义制度根本的严肃话题报道和讨论微乎其微。如果世界其他地方特别是同西方意识形态不同的地方发生街头抗议事件，甚至发生暴力恐怖活动，西方媒体就会将其描绘为争取"民主"、"自由"、"人权"、"反抗暴政"的行动，不惜版面、时间进行渲染。对社会主义中国，西方媒体总是戴着有色眼镜，抹黑、丑化、妖魔化中国可谓无所不用其极。

所以说，任何新闻舆论都有鲜明的意识形态属性，没有什么抽象的绝对的自由。我们要认清西方所谓"新闻自由"的本质，自觉抵制西方新闻观等错误观点的影响。

第三，牢牢坚持正确舆论导向。舆论导向正确，就能凝聚人心、汇聚力量，推动事业发展；舆论导向错误，就会动摇人心、瓦解斗志，危害党和人民事业。这一点，全党同志特别是新闻舆论战线的同志要时刻牢记。要坚持以正确舆论引导人，做到所有工作都有利于坚持中国共产党领导和我国社会主义制度，有利于推动改革发展，有利于增进全国各族人民团结，有利于维护社会和谐稳定。讲导向，这是最重要、最根本的导向。

有人说，新闻报道只是一种信息发布和信息传播，有什么就报道什么，无所谓导向问题。这种看法是不对的。"文者，贯道之器也。"任何新闻报道，都有导向，报什么、不报什么、怎么报都包含着立场、观点、态度。新闻报道既要报道国内外新闻事件，更要传达正确的立场、观点、态度，引导人们分清对错、好坏、善恶、美丑，激发人们向上向善的精神力量。

要把坚持正确舆论导向贯穿新闻采集、撰写、编排、发布各个环节，落实到采写人员、编辑人员、审看人员、签发人员身上，层层把关、人人负责。各级党报党刊、电台电视台要讲导向，都市类报刊、新媒体也要讲导向；新闻报道要讲导向，副刊、专题节目、广告宣传也要讲导向；时政新闻要讲导向，娱乐类、社会类新闻也要讲导向；国内新闻报道要讲导向，国际新闻报道也要讲导向。有人认为，娱乐类、社会类新闻等不必过于强调导向，尺度可以宽一些。这种认识是不对的，至少是不全面的。如果这类新闻中充斥着纸醉金迷、花天酒地、钩心斗角、炫耀财富、移情别恋、杀人越货等方面的内容，充斥着有关大款、老板、名人、明星等人物的八卦新闻，就不能对人民群众起到正面引导作用。要让主旋律和正能量主导报刊版面、广播电台、电视荧屏，主导网络空间、移动平台等传播载体，不能搞两个标准、形成"两个舆论场"。

第四，牢牢坚持正面宣传为主。团结稳定鼓劲、正面宣传为主，是党的新闻舆论工作必须遵循的基本方针。没有团结稳定，什么事情也做不成。我们之所以要强调团结稳定鼓劲、正面宣传为主，是因为：一方面，我国社会积极正面的事物是主流，消极负面的东西是支流，要正确认识主流和支流、成绩和问题、全局和局部的关系，集中反映社会健康向上的本质，客观展示发展进步的全貌，使之同我国改革发展蓬勃向上态势相协调；另一方面，我们正在进行具有许多新的历史特点的伟大斗争，面临的挑战和困难前所未有，必须激发全党全社会团结奋进、攻坚克难的强大力量，调动各方面积极性、主动性、创造性。这样，党的新闻舆论工作才能起到应有作用。

做好正面宣传，要注重提高质量和水平，增强吸引力和感染力。有人说，正面宣传很简单，材料是现成的，剪刀加浆糊就能完成。也有人说，正面宣传不好做，做出来也没多少人爱看。事实并不是这样，我们做的许多弘扬正能量的节目在社会上影响很大，收视率也很高。正面宣传要用心用情做，让群众爱听爱看，不能搞假大空式的宣传，不能停留在不断重复喊空洞政治口号的套话上，不能用一个模式服务不同类型的受众，那样的宣传只会适得其反。

坚持团结稳定鼓劲、正面宣传为主，涉及怎样看待真实性这个重大问题。"忠信谨慎，此德义之基也。虚无谰诡，此乱道之根也。"真实性是新闻的生命，事实是新闻的本源，虚假是新闻的天敌。新闻的真实性容不得一丁点马虎，否则最真实的部分也会让人觉得不真实。要根据事实来描述事实，不能根据愿望来描述事实，同时要坚持马克思主义立场、观点、方法，搞清楚是个别真实还是总体真实，不仅要准确报道个别事实，而且要从宏观上把握和反映事件或事物的全貌。

我们这么大一个国家，十三亿多人口，每天发生着大量事件，也存在着大量问题。新闻媒体是社会舆论的发射器，也是社会舆论的放大器。如果只看到黑暗、负面，看不到光明、正面，虽然报道的事情是真实发生的，但这是一种不完全的真实。一叶障目、不见泰山，攻其一点、不及其余，尽管这一叶、这一点确实存在，但从总体上看却背离了真实性。同时，除了一因一果，更要注意一因多果、一果多因、多因多果、互为因果、因果转换等复杂情况，避免主观片面、以偏概全。有些事情特别是一些没有什么意义的事情，不报道不会产生什么社会影响，而一旦经过媒体传播和放大就会造成相当大的社会影响。连篇累牍、不厌其烦地报道各类负面消息，社会就会缺乏精气神，甚至人心就会散掉。

我这样说，不是说只能讲正面，不能讲负面，关键是要从总体上把握好平衡。舆论监督和正面宣传是统一的，而不是对立的。新闻媒体要直面我们工作中存在的问题，直面社会丑恶现象和阴暗面，激浊扬清，针砭时弊。对人民群众关心的问题、意见大反映多的问题，要积极关注报道，及时解疑释惑，引导心理预期，推动改进工作。从目前批评报道的实际状况看，既有新闻单位不大善于批评的问题，也有被批评者包括一些领导机关、领导干部不习惯不适应批评的问题。有些地方和部门遇到敏感复杂事件，习惯于采取"捂盖子"的做法，有的还通过宣传部门"灭火"。这种观念和做法在信息社会无异于掩耳盗铃。对舆论监督要有承受力，不能怕自己的"形象"、"利益"受到损害而限制媒体采访报道。同时，媒体发表批评性报道，事实要真实准确，分析要客观，不要把自己放在"裁判官"的位置上。涉及重大政策问题的批评，可以通过内部渠道向上反映，不宜公开在媒体上反映。

坚持团结稳定鼓劲、正面宣传为主，也不是说就当好好先生、当东郭先生、当开明绅士。对社会上存在的思想认识问题，要加强正面引导，通过摆事实、讲道理，明辨理论是非、澄清模糊认识。对重大政治原则和大是大非问题，要敢于交锋、敢于亮剑。对恶意攻击、造谣生事，要坚决回击、以正视听。前一段时间，网上有一股诋毁、恶搞、丑化英雄人物的歪风，我们一些主流媒体及时发声，用史实说话，为英雄正名，发挥了弘扬正气作用。

我说过，宣传思想战线的同志要当战士、不当绅士，不做"骑墙派"和"看风派"，不能搞爱惜羽毛那一套。宣传思想战线的同志要履行好自己的神圣职责和光荣使命，以战斗的姿态、战士的担当，积极投身宣传思想领域斗争一线。这也就是毛泽东同志所说的："我们必须坚持真理，而真理必须旗帜鲜明。我们共产党人从来认为隐瞒自己的观点是可耻的。我们党所办的报纸，我们党所进行的一切宣传工作，都应当是生动的、鲜明的、尖锐的，毫不吞吞吐吐。这是我们革命无产阶级应有的战斗风格。我们要教育人民认识真理，要动员人民起来为解放自己而斗争，就需要这种战斗的风格。"

党性原则是党的新闻舆论工作的根本原则。我们是社会主义国家，我们党是马克思主义执政党，是各项事业的领导核心。新闻事业作为党的事业的组成部分，必须无条件接受党的领导，必须充分体现党的意志、宣传党的主张。我们的媒体是党和人民的媒体，是党和人民的喉舌，不是私人媒体，不是同仁办报，这与西方国家的媒体有着本质区别。坚持党性原则、坚持党管媒体，是坚持马克思主义新闻观的内在要求。新闻观是新闻舆论工作的灵魂。古人说："先立乎其大者，则其小者弗能夺也。"对党的新闻舆论工作来说，这个"大"，就是马克思主义新闻观。马克思主义新闻观是马克思主义立场、观点、方法在新闻舆论工作中的根本体现，是做好党的新闻舆论工作的"定盘星"。

第一节　丰富内涵

党性原则是党的新闻舆论工作的根本原则。马克思主义新闻观的中国化理论成果始终强调这一原则并提出具体要求。中国特色社会主义进入新时代，习近平同志站在新的历史方位，着眼党和国家工作大局，进一步深化了对新闻舆论工作党性原则的认识，以党媒姓党论回答了新闻舆论工作"是什么"的问题，以党性与人民性统一论回答了新闻舆论工作"为什么"的问题，以正确导向论回答了新闻舆论工作"怎么办"的问题，深刻揭示了新闻舆论工作党性原则的三重理论逻辑，为增强新闻舆论的传播力、引导力、影响力、公信力提供了根本遵循。

一、"党媒姓党"论：回答新闻舆论工作"是什么"的问题

新闻舆论工作是意识形态的重要组成部分，具有鲜明的意识形态属性。从人类社会发展规律看，意识形态是有着阶级和阶级差别的社会的必然存在。因此，它并不是可有可无的现象，某些西方学者鼓吹的"意识形态终结"是错误的，某些西方媒体妄称其新闻舆论工作"意识形态无涉"也是自欺欺人的。作为反映经济基础的社会意识形态，阶级性是其本质属性，这就必然要求掌握意识形态领导权。因此，党和政府主办的媒体既然是党和政府的宣传阵地，就必须姓党。党媒姓党，对新闻舆论工作的性质定位作出了有力回答，为坚持党性原则奠定了前提基础。也就是说，正因为是党媒，是姓党的媒体，所以坚持党性原则具有先天合法性与逻辑必然性。正因如此，习近平同志指出："党性原则不仅要讲，而且要理直气壮讲，不能躲躲闪闪、扭扭捏捏。"[①]

党媒姓党，包含以下三重逻辑。

---

①习近平：《毫不动摇坚持和加强党的全面领导》，《求是》2021年第18期。

党媒当然姓党。党媒之所以称其为"党"媒，而不是其他"什么"媒体，表明这个"党"字是其客观属性、本质规定、鲜明特征。这个"当然"，揭示的是"先天性"，也就是党媒天生姓党，这是由基因决定的，不是强加的，不是后天附着的，不是外在拼接的，更不是主观臆造的。党的百年历史表明，党媒因党而生、因党而兴。作为党的事业的重要组成部分，其性质当然与整个事业的性质一致，当然姓党，无可置疑。

党媒理应姓党。在我国，党政军民学，东西南北中，党是领导一切的。中国特色社会主义最本质的特征是中国共产党领导，中国特色社会主义制度的最大优势是中国共产党领导。党的领导核心地位，已为革命、建设、改革各个历史时期的经验和成就所证明，已为中国人民和中华民族所认同。新闻舆论事业是中国特色社会主义事业的重要组成部分，理应自觉接受党的领导，理应姓党为党，这是实然与应然的统一，无可辩驳。

党媒必然姓党。党的百年历史表明，什么时候坚持党的领导，新闻舆论事业就兴旺发达；什么时候脱离党的领导，新闻舆论事业就遭受挫折，甚至走上歧途。从第一个党的机关报《向导》开始，党的媒体就始终坚持党的领导，坚持以人民为中心，在推动民族复兴的伟大进程中发挥着不可替代的重要作用。因此，党媒姓党具有历史必然性，是为中国新闻史所证明了的正确结论。同时，中国共产党的性质宗旨，新闻舆论工作的职责使命，党与媒体之间的关系，都决定了党媒必然姓党，不容含糊。

深刻理解和把握党媒姓党论，必须有力澄清这样一个认识误区，即认为党媒既然姓党，就一定对政党有所依附，从而不能做到客观报道。这种错误观点将党媒姓党、党管媒体与新闻真实性、客观性对立起来，是站不住脚的。党的新闻舆论工作当然具有意识形态属性，而意识形态当然具有阶级属性，但社会主义意识形态实现了阶级性与科学性的统一，是先进和科学的意识形态，因为它符合历史进步方向，代表了最广大人民的根本利益。按照经济基础决定上层建筑、社会存在决定社会意识的原理，媒体当然都具有一定政治倾向或政治立场，问题的关键不在于"有没有"倾向和立场，而在于这种倾向和立场"是什么"。在我国，在中国共产党的领导下，如果说新闻舆论工作有什么倾向，那么这个倾向就是以人民为中心；如果说有什么立场，那么这个立场就是人民立场。这就决定了党媒姓党、党管媒体与新闻真实性、客观性之间在逻辑上具有契合性，而不是矛盾性。事实表明，我们的新闻舆论工作正因为做的是与党的根本宗旨密切相关的事情，是与老百姓现实利益紧密相连的事情，是围绕党和国家中心任务而展开的事情，所以，才确立了坚实的真实性、客观性，进而拥有了巨大的社会力量。与此相反，某些西方媒体恰恰不是没有政治倾向和政治立场，而是以特定利益集团、权势团体、特权阶层的利益为倾向，以资本为立场。"事实上，西方政客为了他们眼中的选票、西方媒体为了它们追逐的利益，会置公众利益于不顾，进行类似'双簧'的表演与合作"①，这就

---

① 张涛甫：《认清西方媒体"价值中立"的障眼术》，《人民日报》2016年3月22日，第8版。

导致其新闻舆论的真实性、客观性必然大打折扣。

持有上述错误观点的论者，通常将某些西方媒体的"价值中立"拿来比较，这更是一种误用。某些西方国家鼓吹媒体独立，标榜其新闻媒体报道客观、言论中立，炮制了"第四种权力""新闻专业主义"等诱人的话语，实际上带有虚伪性、迷惑性、欺骗性。这在2020年以来席卷全球的新冠肺炎疫情面前暴露无遗。面对中国卓有成效的抗疫成果，某些西方媒体亲手撕下了他们自诩的"客观"面具，明目张胆地搞"双标"，极尽"妖魔化"中国之能事。2020年3月8日，《纽约时报》短短半小时内先后发布两条推文，一条说意大利"封城"是"冒着经济风险遏制病毒在欧洲肆虐"，一条说中国"封城"是"以牺牲人民生计和自由为代价"。由于陷入"凡是诋毁构陷中国便是正当的行为"之倾向而不能自拔，某些西方媒体的公信力已逐渐透支，失去了越来越多的读者。

实际上，"西方国家的媒体脱离不了同政党和政治的关系。并且，在西方国家真正起决定性作用的是资本。那些控制着国家经济命脉的大垄断财团，往往会把媒体的所有权和话语权掌握在自己手中。它们通过媒体来控制舆论，通过舆论再影响政府，以获得对自己有利的政策。这样一来，西方国家的新闻媒体根本无法摆脱资本、政党和政治的干预和影响，其标榜的'完全独立'的媒体是根本不存在的"①。

党媒姓党，其实践要求必然是党管宣传、党管意识形态、党管媒体。

①郑保卫：《认清西方"媒体独立"的实质》，《新闻前哨》2016年第5期，第8页。

坚持党性原则，最根本的就是坚持党对新闻舆论工作的领导。从党的领导角度讲，新的征程上必须继续加强和改进党对新闻舆论工作的领导，牢牢掌握意识形态工作领导权，构建全党动手的大宣传格局，增强领导干部同媒体打交道的能力。从媒体接受党的领导角度讲，必须坚定维护以习近平同志为核心的党中央权威和集中统一领导，始终自觉地在思想上政治上行动上同以习近平同志为核心的党中央保持高度一致，把"高举旗帜、引领导向，围绕中心、服务大局，团结人民、鼓舞士气，成风化人、凝心聚力，澄清谬误、明辨是非，联接中外、沟通世界"作为职责使命，切实担负起党和人民的重托。

这里，我们必须清醒地认识到，坚持党管媒体，是牢牢掌握新闻舆论主导权、占领意识形态主阵地的根本要求。新闻舆论工作是意识形态阵地的最前沿。舆论导向正确，就能凝聚人心、汇聚力量，推动事业发展；舆论导向错误，就会动摇人心、瓦解斗志，危害党和人民事业。好的舆论可以成为发展的"推进器"、民意的"晴雨表"、社会的"黏合剂"、道德的"风向标"，不好的舆论会变成民众的"迷魂汤"、社会的"分离器"、杀人的"软刀子"、动乱的"催化剂"。无数事实证明，新闻舆论工作的领导权、管理权、话语权，任何时候都不能旁落，否则就要犯无可挽回的历史性错误。无论时代如何发展、媒体格局如何变化，党管媒体的原则和制度不能变。

二、"两性一致"论：回答新闻舆论工作"为什么"的问题

坚持党性原则，必须正确认识党性和人民性的关系。习近平总书记

指出："党性寓于人民性之中，没有脱离人民性的党性，也没有脱离党性的人民性。"①在中国共产党领导的社会主义中国，党性和人民性是一致的、统一的。我们党以全心全意为人民服务为根本宗旨，没有自己的特殊利益，体现党的意志就是体现人民的意志，宣传党的主张就是宣传人民的主张，坚持党性就是坚持人民性。那些"你是替党讲话，还是替老百姓讲话""你是站在党的一边，还是站在群众一边"的论调，把党性和人民性对立起来，在思想上是糊涂的，在理论上是错误的，在实践上是有害的。只有坚持党性原则，坚持以人民为中心的工作导向，才能确保新闻媒体始终为人民服务，而不是为少数人服务。

党性和人民性问题是关乎新闻舆论工作方向和立场的重大理论与实践问题。党性是一个政党的政治本质和特性，是其阶级性的最高和最集中体现。中国共产党的性质集中概括为：中国共产党是中国工人阶级的先锋队，同时是中国人民和中华民族的先锋队。中国共产党的根本宗旨集中表述为：全心全意为人民服务。中国共产党的性质和宗旨，从根本上决定了其党性与人民性的一致性、统一性。因此，习近平同志强调，"党性和人民性从来都是一致的、统一的"。这里包含三重逻辑：首先，利益统一。党的利益与人民的利益相统一，党没有自己的特殊利益，人民的利益就是党的利益。其次，地位统一。党的执政地位与人民的主体地位相统一，在新中国，人民当家作主，党代表人民治国理政。再次，方向统一。党在新时代的历史使命与人民的愿望要求相统一，人民对美好生活的向往就是我

———————————
① 习近平：《论党的宣传思想工作》，中央文献出版社2020年版，第182页。

们党的奋斗目标。党性与人民性相统一，为新闻舆论工作坚持党性原则提供了充足理由。也就是说，正因为党性和人民性从来都是一致的、统一的，所以坚持党性原则就是坚持以人民为中心，因而具有真理力量和实践力量，能够有效回应形形色色西方新闻理论和某些西方媒体的曲解、诘难。

其实，西方媒体也普遍经历过"政党报刊"时期，但随着资本主义历史的演进，逐渐进入"大众化报刊"时期。在这一背景下，西方媒体成为私人化的公司，在资本逻辑的支配下，直接代表的是某个或某些财团的利益，自然就不存在是否坚持党性原则的问题。因此，党性与人民性统一论是社会主义国家内生的一个课题，是彰显社会主义制度优越性的一个结论。

其实，关于党的利益与人民的利益相统一，在2021年中国共产党成立100周年之际，中央宣传部发布的文献《中国共产党的历史使命与行动价值》作出了明确与详尽的阐述，在此加以引述①：

作为马克思主义政党，中国共产党摆脱了以往一切政治力量追求自身特殊利益的局限，一经诞生就把为中国人民谋幸福、为中华民族谋复兴确立为自己的初心使命。它像光芒四射的灯塔，指明了中国人民前进的道路和方向。

......

①中共中央宣传部：《中国共产党的历史使命与行动价值》，《人民日报》，2021年8月27日第1版。

中国共产党是为人民奋斗的政党，始终把人民放在第一位，坚持尊重社会发展规律和尊重人民历史主体地位的一致性，坚持为崇高理想奋斗和为最广大人民谋利益的一致性，坚持完成党的各项工作和实现人民利益的一致性，不断把为人民造福事业推向前进。

来自人民，植根人民。中国共产党是在中国人民反抗封建统治和外来侵略的激烈斗争中，在马克思列宁主义同中国工人运动的结合中诞生的。党从诞生之日起就有着广泛的代表性，不仅代表中国工人阶级，同时代表中国人民和中华民族。党没有任何自己特殊的利益，从来不代表任何利益集团、任何权势团体、任何特权阶层的利益，而是为人民谋幸福、为民族谋复兴。党的奋斗目标和人民的希望诉求相一致，党与人民一体同心、休戚与共、生死相依。党得到人民广泛支持，从人民中获得力量，历经挫折却不断发展壮大。中国共产党党员是劳动人民的普通一员，他们热爱生活，勤奋工作，真诚朴实，重情重义，在日常生产、工作、学习和社会生活中发挥先锋模范作用，面对困难和危险能够为保护国家和人民利益挺身而出、英勇斗争、不怕牺牲。既来自人民又有先进性，既保持先进又不失人民本色，共产党员就是这样一群既普通又不普通的中国人。

把人民装在心里，镌刻在自己的旗帜上。从"为人民服务"，到"把人民拥护不拥护、赞成不赞成、高兴不高兴、答应不答应作为制定方针政策和作出决断的出发点和归宿""代表最广大人民的根本利益""实现好、维护好、发展好最广大人民的根本利益"，再到"人民对美好生活的向往，就是我们的奋斗目标"，党全心全意为人民服务的根本宗旨一以贯之、坚定不移。党的所有工作，不论是开展革命斗争、建立武装力量、构建政治制度、进行经济建设，还是推进改革开放、推动文化发展、创新社会治理等，都以人民利益为根本考量。在中国，党领导人民建立的国家称为"中华人民共和国"，各级政府称为"人民政府"，党缔造的军队称为"人民解放军"，党的干部称为"人民公仆"，党中央的机关报称为"人民日报"，中央银行称为"人民银行"，等等。"人民"二字深深融入党的血脉，成为中国共产党人薪火相传、永不磨灭的精神基因。

把最广大人民根本利益作为作决策、定政策的最高标准。在革命、建设、改革的不同历史时期，在事关党和国家前途命运的重大历史关头，党都是从人民利益出发，对人民有利的就坚持去做，对人民不利的就坚决反对。党把发展作为执政兴国的第一要务，坚持发展是硬道理，不断解放和发展社会生产力，不断提高发展质量和水平，不断满足人民过上美好生活的新期待。党的十八大以来，党坚持以人民为中心的发展思想，在促进共同富裕、实现公平正义上推出一系列开创性举措，从全面建成小康社会一个都不能少到抗击新冠肺炎疫情救治病患不惜一切代价，从打赢脱贫攻坚战、实施乡村振兴战略到推进以人为核心的新型城镇化，从"绿水青山就是金山银山"到"房子是用来住的、不是用来炒的"，从防止资本无序扩张到让人民群众在每一宗司法案件中感受到公平正义，人民享有更多实实在在的发展成果。100年来，不论国内国际形势如何变化，不管顺境还是逆境，党把人民放在心中最高位置，从来没有改变过、动摇过、迟疑过。

为人民付出巨大牺牲。从1921年到1949年，党领导的革命队伍中，有名可查的烈士就达370多万人。和平建设时期，在抗震救灾、抗洪抢险、应对突发事件等急难险重任务中，哪里有困难和危险，哪里就有共产党员。新冠肺炎疫情发生以来，近400名党员、干部为抗击疫情献出了宝贵生命。脱贫攻坚战中，1800多名党员、干部将生命定格在脱贫攻坚征程上。为人民牺牲的共产党员中，既有普通党员，也有党的高级领导干部，还有党的领袖的家人和亲属。毛泽东同志有六位亲人为革命而牺牲，其中五位是共产党员。

党性与人民性"统一论"，最早也是在新闻领域提出的。1947年1月11日，《新华日报》发表《检讨与勉励》一文指出："新华日报是一张党报，也就是一张人民的报，新华日报的党性，也就是它的人民性。"①《新华日报》在党的新闻史上首次提出党性和人民性"统一论"，是对中国共产党自成立以来革命道路的经验总结，是对"做什么样的媒体、如何做好媒体"的重要探索。新中国成立后，我们党更加强调党性和人民性的统一。1956年7月1日，经中央批准，《人民日报》正式改版，在改版社论《致读者》中明确强调了《人民日报》的办报宗旨，指出："人民日报是党的报纸，也是人民的报纸，从它创刊到现在，一直是为党和人民的利益服务的"，"它是人民的公共的武器，公共的财产。人民群众是它的主人。只有靠着人民群众，我们才能把报纸办好"②。时至今日，我们仍须强调党报

---

①中国社会科学院新闻研究所：《中国共产党新闻工作文件汇编》下卷，新华出版社1980年版，第80页。
②中国社会科学院新闻研究所：《中国共产党新闻工作文件汇编》下卷，新华出版社1980年版，第109—112页。

姓党，党报要无条件服从党的管理、宣传党的主张，要及时学习研究中央政策，来保证报道中的党性意识，要当好党和人民喉舌，增强看齐意识。

20世纪80年代初，围绕党性和人民性话题，我国新闻界曾发生过一场争论。当时，有人在强调民主自由问题时，提出"人民性高于党性"的观点，借此在党性和人民性之间人为制造断裂甚至是二元对立，以人民性对抗党性。对此，邓小平同志指出，这是"把民主同党的领导对立起来，在党性和人民性的问题上提出违反马克思主义的说法"[①]，并进行了严厉批驳。时至今日，这一争论表面偃旗息鼓，实则仍有一定潜伏性，扭曲党性和人民性关系的观念与做法，仍不时以变种的形式出现，比如"你是替党说话，还是替老百姓说话""你是站在党的一边，还是站在群众一边"等各类伪命题。

一个执政党的党性与人民性的关系，从根本上讲源于这个政党与人民的关系。中国共产党来自人民，为人民而生，因人民而兴，二者的关系从来都是"一体"而非"二元"。这里有两个问题需要着重辨析澄清。

第一，作为个体的党员，必定都有自己的"个性化"利益，如何说中国共产党没有自己的特殊利益？回答这个问题的关键，在于理解和把握好"整体"这个概念及其机理。任何一个政党当然都是由一个个党员组成的，对于党员正当合理的个人利益，党内法规和国家法律都予以承认、给予保护，但以此为前提，并不能推断出中国共产党有自己的特殊利益这一结论。

---

① 《邓小平文选》第三卷，人民出版社1993年版，第42页。

从马克思主义系统观来看，系统具有"非加和"性质，也就是说一个整体具有不同于各要素简单相加的新特质，尽管整体由部分组成，但整体大于部分。根据这一原理，对一个个党员的个人利益，机械地做加法而形成的利益之和，并不能与我们党的整体利益画等号。只有整体性才能反映中国共产党这样一个政党组织的本质属性。因此，整体利益不是部分利益"自动求和"生成的结果，而是与党的整体性本质规定紧密相连，是其整体性本质规定所决定的结果。

实际上，对个人与人民这两个概念关系的辨析，有助于我们更加深刻地认清上述道理。马克思主义所讲的"人民"，一方面是具体化的向度，即"每一个"，意在强调人民不是抽象、空洞的概念，而是由具体的你、我、他组成的。另一方面也是更为主要的方面，是整体性的向度，意在强调人民不是个人、个体的机械叠加、简单计和，而是一个不可分割的整体，也就是中国政治话语中常见的"最广大人民""绝大多数"等。因此，人民由个人组成，但不能还原为每一个人，"马克思视域中的人民不是个人的集合体，而是以先进阶级为核心、劳动群众为基础、一切顺应历史发展的集团和个人为外延的有机整体。只有从生产力和生产关系矛盾运动的规律上，从阶级关系和阶级斗争上才能理解人民主体，它包含大多数个人但不能归结为个人，它代表了大多数个人的根本利益但不能化约为个人利益"[1]。与此相应，个人利益千差万别，表现为特殊性，彼此之间甚

---

[1]侯惠勤：《习近平新时代中国特色社会主义思想对马克思主义的坚持和发展》，《红旗文稿》2018年第17期。

至存在冲突，而人民利益则体现普遍性、一致性，是"最大公约数"。从大历史观来看，"各种利益支配着不同的实践，只有得到历史承认的利益才能在历史发展中实现，总趋势是大多数人的利益不断地得到承认。说到底，成败得失的标准不在于特殊的利益、主观的利益、过时的利益、个人的利益，而是人民的利益……人民利益的客观标准，其与生产力的标准是一致的"①。由此可知，人民不是个人之和，人民利益也不是个人利益之和。

党和人民关系的统一性，决定了新闻舆论工作党性和人民性的统一性。习近平同志在庆祝中国共产党成立100周年大会上的讲话中指出："中国共产党始终代表最广大人民根本利益，与人民休戚与共、生死相依，没有任何自己特殊的利益，从来不代表任何利益集团、任何权势团体、任何特权阶层的利益。"②最广大人民的根本利益是一种整体利益，作为一个整体的中国共产党，代表最广大人民的根本利益，其整体利益不是某个人的利益、某些人的利益。对此，我们必须认识到，"党性和人民性都是整体性的政治概念，党性是从全党而言的，人民性也是从全体人民而言的，不能简单地从某一级党组织、某一部分党员、某一个党员来理解党性，也不能简单地从某一个阶层、某部分群众、某一个具体人来理解人民性。只有站在全党的立场上、站在全体人民的立场上，才能真正把握好党性和人民

---

①侯惠勤：《中国特色社会主义的哲学坚守与创新》，当代中国出版社2019年版，第12页。

②习近平：《在庆祝中国共产党成立100周年大会上的讲话》，《人民日报》2021年7月2日，第2版。

性"①。

第二，如果党性与人民性不是对立的，那么强调党性究竟针对的是什么？考察我们党的新闻舆论事业发展史不难发现，党性与人民性本来就不是一对矛盾范畴。与无产阶级党性相对的到底是什么？党性针对的究竟是什么？其实是资产阶级、小资产阶级的"独立性"。这种"独立性"并非通常所说的"独立之精神，自由之思想"或独立创新意识，而是与党和人民的事业需要相背离的一种个人主义、自由主义倾向。针对这种有害的"独立性"，1942年，毛泽东同志在《中宣部宣传要点》中作出明确论述：不能把发扬独立工作能力、发扬马克思主义的创造性这些正确的东西，与不服从上级、不服从多数、不服从中央、将个人与党对立、个人超过了党（个人突出）、个人英雄主义（与民族英雄主义、群众英雄主义相区别的）这些错误的东西，混淆起来。②1983年，邓小平同志在《党在组织战线和思想战线上的迫切任务》的讲话中也指出："所有共产党员都要增强党性，遵守党的章程和纪律。不管是什么专家、学者、作家、艺术家，只要是党员，都不允许自视特殊，认为自己在政治上比党高明，可以自行其是。"③党的百年历史充分证明，这种狭隘的"独立性""个性""自由"，容易产生错误的思想方法和工作方法，其结果是往往走向党和人民的对立面。

---

① 人民日报评论员：《坚持党性和人民性相统一——四论学习贯彻习近平总书记8·19重要讲话精神》，《人民日报》2013年8月27日，第1版。
② 《毛泽东新闻工作文选》，新华出版社1983年版，第68页。
③ 《邓小平文选》第三卷，人民出版社1993年版，第46页。

坚持党性和人民性相统一，必然要求坚持以人民为中心的工作导向。新的征程上，必须牢固树立马克思主义群众观点，使新闻舆论工作找准党的主张和群众诉求的对接点，围绕中心、服务大局，反映人民呼声、回应社会关切。必须把人民群众满意不满意作为衡量新闻舆论工作成效的根本标准，不断增强脚力、眼力、脑力、笔力，以精品力作满足人民精神需求。

三、"正确导向"论：回答新闻舆论工作"怎么办"的问题

坚持党性原则不是抽象的，而是具体化为新闻舆论工作导向的各方面要求。习近平同志指出："新闻舆论工作各个方面、各个环节都要坚持正确舆论导向。各级党报党刊、电台电视台要讲导向，都市类报刊、新媒体也要讲导向；新闻报道要讲导向，副刊、专题节目、广告宣传也要讲导向；时政新闻要讲导向，娱乐类、社会类新闻也要讲导向；国内新闻报道要讲导向，国际新闻报道也要讲导向。"[①]在党的十九大报告关于党的新闻舆论工作的部署要求中，"坚持正确舆论导向"是放在首位的，具有统领性质，成为坚持党性原则的最为突出的要求。新闻是对事实的报道，但报道有思想；舆论是各种声音的汇集，但舆论有倾向。导向是新闻舆论本身固有的，而不是与之相分离、可割裂的外在的东西，"新闻报道本身内含导向"。导向作为新闻舆论工作的灵魂，是一种客观存在。坚持正确导向，体现了坚持党性原则的实践要求，具有重要的现实意义。

坚持正确导向与尊重新闻传播规律是一致的。习近平同志在党的新闻舆论工作座谈会上强调，"尊重新闻传播规律"，"真实性是新闻的生

---

① 《习近平谈治国理政》第2卷，外文出版社2017年版，第332页。

命。要根据事实来描述事实，既准确报道个别事实，又从宏观上把握和反映事件或事物的全貌"。任何新闻报道都有导向。坚持正确导向，从来不是罔顾事实，而是在事实基础上进行因势利导，是事实逻辑与价值逻辑的统一，"如果把'导向'理解为刻意按照某种模式做，一堆套话+煽情+华丽但质量不高的内容就把'导向'的要求理解偏了"①。以虚假新闻为例，虚假新闻之所以被炮制出来，往往不单纯是技术环节的差错，而是本身蕴含一定的主观意图和价值导向。2016年2月14日，《财经》杂志微信公众号发布了一篇题为《春节纪事：一个病情加重的东北村庄丨返乡日记》的文章，在微信朋友圈、微博等广为转发，引起社会广泛关注。许多读者将其视为关于严肃社会问题的通讯，因其中触目惊心的故事而产生了对东北乡村"凋敝"的忧思甚至批评。2月25日，经过实地走访和多方调查，新华社发表《哪来"礼崩乐坏"的东北村庄？——一则虚构报道的背后》，使得真相水落石出。在脱贫攻坚和乡村振兴的进程中，类似虚假新闻没有把笔触对准真实的社会问题，没有为解决问题而提供有建设性意义的思考，不是为完成时代性目标任务凝聚社会共识、汇聚精神力量，而是编造故事迎合大众的猎奇心理，满足少数网民的低级趣味，甚至挑弄社会情绪。可以说，类似虚假新闻表面看只是违背了新闻规律，有失客观全面，但究其实质，则是导向出了问题，是价值观出了偏差。

坚持正确导向必须反对形而上学思维。坚持正确导向，决定了必须牢

①陈力丹：《坚持党性，尊重规律，以人民为中心——习近平新闻舆论观的两个要点和一个落脚点》，《新闻记者》2018年第7期。

牢坚持正面宣传为主。坚持正面宣传为主，与开展舆论监督并不矛盾，二者不是排斥关系，而是有机统一的。习近平同志指出："舆论监督和正面宣传是统一的。新闻媒体要直面工作中存在的问题，直面社会丑恶现象，激浊扬清、针砭时弊，同时发表批评性报道要事实准确、分析客观。"①这里所说的正面宣传，不是"报喜不报忧"，而是实现了正面传播效果的宣传。在我国，舆论监督是人民当家作主的体现。人民群众通过媒体监督党和政府工作，归根结底是为了改进党和政府工作，从而更好服务于人民美好生活新期待。毋庸讳言，问题是回避不掉的，只有直面才能解决。舆论监督从内容来看是批评性的，但取得的实际效果则是积极的、正面的。事实表明，凡是真正的舆论监督，都没有止于批评，而是着眼于建设性，也都带来建设性的后续结果，这就使舆论监督与正面宣传在目的和结果上达成高度一致。因此，以人民利益为出发点，以"激浊扬清、针砭时弊"和"及时解惑，引导心理预期，推动改进工作"为落脚点，这样的报道，就是正面宣传，就是坚持了正确导向。

坚持正确导向不能做极端化、教条化的理解和运用。如果机械地、教条地要求每一篇报道、评论，"无一字无来处"，照搬照抄领导讲话、政策文件，将党的报刊与党的文件视为一物，则党报党刊无疑会成为党的"布告牌"。在新中国历史上，这是有前车之鉴的。1956年7月1日，《人民日报》改版并发表题为《致读者》的社论。党中央在《批转〈人民日报〉编辑委员会向中央的报告》中就明确指出，过去有一种论调说《人民日

---

① 《习近平谈治国理政》第二卷，外文出版社2017年版，第333页。

报》的一字一句都必须代表中央，报上发表的言论都必须完全正确，连读者来信也必须完全正确，这些论调不切实际，对我们党的政治影响不好。在当今的现实生活中，个别新闻媒体和新闻舆论工作者对坚持党性原则仍然做教条主义的理解和运用，唯上、唯书，却不唯实，将报道、评论等搞成了党八股、套话式的空洞说教或一味煽情，陷入模式化、套路化窠臼，甚至出现"低级红""高级黑"现象。

坚持正确导向，对新闻舆论工作者而言不是束缚，而是提出更高要求。在工作立场和方向上，必须把政治方向摆在第一位，坚持正确的政治方向，自觉聚焦于有利于坚持中国共产党的领导和中国特色社会主义制度，有利于推动改革发展，有利于增进全国各族人民团结，有利于维护社会和谐稳定等大方向上，来组织开展各项新闻舆论工作。在工作技艺和方法上，应努力寻求宣传价值与新闻价值的最佳结合点，善于设置议题以引导社会舆论走向，理直气壮地开展舆论斗争，掌握时机节奏，把握力度分寸，讲求实际效果。

党媒姓党论、党性与人民性统一论、正确导向论，分别从"是什么、为什么、怎么办"的不同层次回答了新时代新闻舆论工作坚持党性原则的核心理论与实践问题，对于我们完整、准确、全面地把握习近平同志关于新闻舆论工作坚持党性原则的重要论述，在新征程上继续推进党的新闻舆论事业健康发展，具有重大现实意义和深远历史意义。

附：习近平总书记关于党性与人民性相统一的重要论述摘编

把宣传思想工作做得更好①

宣传思想工作一定要把围绕中心、服务大局作为基本职责，胸怀大局、把握大势、着眼大事，找准工作切入点和着力点，做到因势而谋、应势而动、顺势而为……

党性和人民性从来都是一致的、统一的。坚持党性，核心就是坚持正确政治方向，站稳政治立场，坚定宣传党的理论和路线方针政策，坚定宣传中央重大工作部署，坚定宣传中央关于形势的重大分析判断，坚决同党中央保持高度一致，坚决维护中央权威。所有宣传思想部门和单位，所有宣传思想战线上的党员、干部都要旗帜鲜明坚持党性原则。坚持人民性，就是要把实现好、维护好、发展好最广大人民根本利益作为出发点和落脚点，坚持以民为本、以人为本。要树立以人民为中心的工作导向，把服务群众同教育引导群众结合起来，把满足需求同提高素养结合起来，多宣传报道人民群众的伟大奋斗和火热生活，多宣传报道人民群众中涌现出来的先进典型和感人事迹，丰富人民精神世界，增强人民精神力量，满足人民精神需求。

坚持团结稳定鼓劲、正面宣传为主，是宣传思想工作必须遵循的重要方针。我们正在进行具有许多新的历史特点的伟大斗争，面临的挑战和困难前所未有，必须坚持巩固壮大主流思想舆论，弘扬主旋律，传播正能量，激发全社会团结奋进的强大力量。关键是要提高质量和水平，把握好

①习近平：《论党的宣传思想工作》，中共中央党史和文献研究院编辑，中央文献出版社2020年版，第14—19页。

时、度、效，增强吸引力和感染力，让群众爱听爱看、产生共鸣，充分发挥正面宣传鼓舞人、激励人的作用。在事关大是大非和政治原则问题上，必须增强主动性、掌握主动权、打好主动仗，帮助干部群众划清是非界限、澄清模糊认识……（2013年8月19日习近平同志在全国宣传思想工作会议上讲话的要点）

在网络安全和信息化工作座谈会上的讲话①

今天，我们召开一个网络安全和信息化工作座谈会。这个会，我一直想开。党的十八大以来，我国互联网事业快速发展，网络安全和信息化工作扎实推进，取得显著进步和成绩，同时也存在不少短板和问题。召开这次座谈会，就是要当面听取大家意见和建议，共同探讨一些措施和办法，以利于我们把工作做得更好。

刚才，几位同志讲得很好，分析了当前互联网发展新情况新动向，介绍了信息化发展新技术新趋势，提出了很好的意见和建议，听了很受启发。你们的发言，体现了务实的态度、创新的精神、强烈的责任感，也体现了在互联网领域较高的理论和实践水平，对我们改进工作很有帮助。有关部门要认真研究大家的意见和建议，能吸收的尽量吸收。下面，我谈几点意见，同大家交流。

第一个问题，讲讲推动我国网信事业发展，让互联网更好造福人民。

听了大家发言，我有一个总的感觉，就是对互联网来说，我国虽然是

①习近平：《论党的宣传思想工作》，中央文献出版社2020年版，第190-212页。

后来者，接入国际互联网只有20多年，但我们正确处理安全和发展、开放和自主、管理和服务的关系，推动互联网发展取得令人瞩目的成就。现在，互联网越来越成为人们学习、工作、生活的新空间，越来越成为获取公共服务的新平台。我国有7亿网民，这是一个了不起的数字，也是一个了不起的成就。

从社会发展史看，人类经历了农业革命、工业革命，正在经历信息革命。农业革命增强了人类生存能力，使人类从采食捕猎走向栽种畜养，从野蛮时代走向文明社会。工业革命拓展了人类体力，以机器取代了人力，以大规模工厂化生产取代了个体工场手工生产。而信息革命则增强了人类脑力，带来生产力又一次质的飞跃，对国际政治、经济、文化、社会、生态、军事等领域发展产生了深刻影响。

当前和今后一个时期，我国发展的目标是实现"两个一百年"奋斗目标。我说过，建设富强民主文明和谐的社会主义现代化国家，实现中华民族伟大复兴，是鸦片战争以来中国人民最伟大的梦想，是中华民族的最高利益和根本利益。今天，我们13亿多人的一切奋斗归根到底都是为了实现这一伟大目标。

我国曾经是世界上的经济强国，后来在欧洲发生工业革命、世界发生深刻变革的时期，丧失了与世界同进步的历史机遇，逐渐落到了被动挨打的境地。特别是鸦片战争之后，中华民族更是陷入积贫积弱、任人宰割的悲惨状况。想起这一段历史，我们心中都有刻骨铭心的痛。经过几代人努力，我们从来没有像今天这样离实现中华民族伟大复兴的目标如此之近，也从来没有像今天这样更有信心、更有能力实现中华民族伟大复兴。这是中华民族的一个重要历史机遇，我们必须牢牢抓住，决不能同这样的历史机遇失之交臂。这就是我们这一代人的历史责任，是我们对中华民族的责任，是对前人的责任，也是对后人的责任。

党的十八届五中全会提出了创新、协调、绿色、开放、共享的新发展理念，这是在深刻总结国内外发展经验教训、深入分析国内外发展大势的基础上提出的，集中反映了我们党对我国经济社会发展规律的新认识。按照新发展理念推动我国经济社会发展，是当前和今后一个时期我国发展的总要求和大趋势。古人说："随时以举事，因资而立功，用万物之能而获利其上。"我国网信事业发展要适应这个大趋势。总体上说，网信事业代表着新的生产力、新的发展方向，应该也能够在践行新发展理念上先行一步。

我国经济发展进入新常态，新常态要有新动力，互联网在这方面可以大有作为。我们实施"互联网＋"行动计划，带动全社会兴起了创新创业热潮，信息经济在我国国内生产总值中的占比不断攀升。当今世界，信息化发展很快，不进则退，慢进亦退。我们要加强信息基础设施建设，强化信息资源深度整合，打通经济社会发展的信息"大动脉"。党的十八届五中全会、"十三五"规划纲要都对实施网络强国战略、"互联网＋"行动计划、大数据战略等作了部署，要切实贯彻落实好，着力推动互联网和实体经济深度融合发展，以信息流带动技术流、资金流、人才流、物资流，促进资源配置优化，促进全要素生产率提升，为推动创新发展、转变经济发展方式、调整经济结构发挥积极作用。

网信事业要发展，必须贯彻以人民为中心的发展思想。这是党的十八届五中全会提出的一个重要观点。要适应人民期待和需求，加快信息化服务普及，降低应用成本，为老百姓提供用得上、用得起、用得好的信息服务，让亿万人民在共享互联网发展成果上有更多获得感。相比城市，农村互联网基础设施建设是我们的短板。要加大投入力度，加快农村互联网建设步伐，扩大光纤网、宽带网在农村的有效覆盖。可以做好信息化和工业化深度融合这篇大文章，发展智能制造，带动更多人创新创业；可以瞄准农业现代化主攻方向，提高农业生产智能化、经营网络化水平，帮助广大农民增加收入；可以发挥互联网优势，实施"互联网+教育"、"互联网+医疗"、"互联网+文化"等，促进基本公共服务均等化；可以发挥互联网在助推脱贫攻坚中的作用，推进精准扶贫、精准脱贫，让更多困难群众用上互联网，让农产品通过互联网走出乡村，让山沟里的孩子也能接受优质教育；可以加快推进电子政务，鼓励各级政府部门打破信息壁垒、提升服务效率，让百姓少跑腿、信息多跑路，解决办事难、办事慢、办事繁的问题，等等。这些方面有很多事情可做，一些互联网企业已经做了尝试，取得了较好的经济效益和社会效益。

有专家提出，我们的国家治理中存在信息共享、资源统筹、工作协调不够等问题，制约了国家治理效率和公共服务水平。这个问题要深入研究。我们提出推进国家治理体系和治理能力现代化，信息是国家治理的重要依据，要发挥其在这个进程中的重要作用。要以信息化推进国家治理体系和治理能力现代化，统筹发展电子政务，构建一体化在线服务平台，分级分类推进新型智慧城市建设，打通信息壁垒，构建全国信息资源共享体系，更好用信息化手段感知社会态势、畅通沟通渠道、辅助科学决策。

第二个问题，讲讲建设网络良好生态，发挥网络引导舆论、反映民意的作用。

互联网是一个社会信息大平台，亿万网民在上面获得信息、交流信息，这会对他们的求知途径、思维方式、价值观念产生重要影响，特别是会对他们对国家、对社会、对工作、对人生的看法产生重要影响。

实现"两个一百年"奋斗目标，需要全社会方方面面同心干，需要全国各族人民心往一处想、劲往一处使。如果一个社会没有共同理想，没有共同目标，没有共同价值观，整天乱哄哄的，那就什么事也办不成。我国有13亿多人，如果弄成那样一个局面，就不符合人民利益，也不符合国家利益。

凝聚共识工作不容易做，大家要共同努力。为了实现我们的目标，网上网下要形成同心圆。什么是同心圆？就是在党的领导下，动员全国各族人民，调动各方面积极性，共同为实现中华民族伟大复兴的中国梦而奋斗。

古人说："知屋漏者在宇下，知政失者在草野。"很多网民称自己为"草根"，那网络就是现在的一个"草野"。网民来自老百姓，老百姓上了网，民意也就上了网。群众在哪儿，我们的领导干部就要到哪儿去，不然怎么联系群众呢？各级党政机关和领导干部要学会通过网络走群众路线，经常上网看看，潜潜水、聊聊天、发发声，了解群众所思所愿，收集好想法好建议，积极回应网民关切、解疑释惑。善于运用网络了解民意、开展工作，是新形势下领导干部做好工作的基本功。各级干部特别是领导干部一定要不断提高这项本领。

网民大多数是普通群众，来自四面八方，各自经历不同，观点和想法肯定是五花八门的，不能要求他们对所有问题都看得那么准、说得那么对。要多一些包容和耐心，对建设性意见要及时吸纳，对困难要及时帮助，对不了解情况的要及时宣介，对模糊认识要及时廓清，对怨气怨言要及时化解，对错误看法要及时引导和纠正，让互联网成为我们同群众交流沟通的新平台，成为了解群众、贴近群众、为群众排忧解难的新途径，成为发扬人民民主、接受人民监督的新渠道。

网络空间是亿万民众共同的精神家园。网络空间天朗气清、生态良好，符合人民利益。网络空间乌烟瘴气、生态恶化，不符合人民利益。谁都不愿生活在一个充斥着虚假、诈骗、攻击、谩骂、恐怖、色情、暴力的空间。互联网不是法外之地。利用网络鼓吹推翻国家政权，煽动宗教极端主义，宣扬民族分裂思想，教唆暴力恐怖活动，等等，这样的行为要坚决制止和打击，决不能任其大行其道。利用网络进行欺诈活动，散布色情材料，进行人身攻击，兜售非法物品，等等，这样的言行也要坚决管控，决不能任其大行其道。没有哪个国家会允许这样的行为泛滥开来。我们要本着对社会负责、对人民负责的态度，依法加强网络空间治理，加强网络内容建设，做强网上正面宣传，培育积极健康、向上向善的网络文化，用社会主义核心价值观和人类优秀文明成果滋养人心、滋养社会，做到正能量充沛、主旋律高昂，为广大网民特别是青少年营造一个风清气正的网络空间。

形成良好网上舆论氛围，不是说只能有一个声音、一个调子，而是说不能搬弄是非、颠倒黑白、造谣生事、违法犯罪，不能超越了宪法法律界限。我多次强调，要把权力关进制度的笼子里，一个重要手段就是发挥舆论监督包括互联网监督作用。这一条，各级党政机关和领导干部特别要注意，首先要做好。对网上那些出于善意的批评，对互联网监督，不论是对党和政府工作提的还是对领导干部个人提的，不论是和风细雨的还是忠言逆耳的，我们不仅要欢迎，而且要认真研究和吸取。（2016年4月19日习近平同志的讲话）

第二节 实践要求

当前，舆论生态、媒体格局、传播方式发生深刻变化，新闻舆论工作面临很多新情况新问题新挑战，必须坚定不移地坚持党性原则，加强和改善党对新闻舆论工作的领导。要牢牢把握正确政治方向，决不能为错误思想言论提供传播渠道，自觉在思想上政治上行动上同以习近平同志为核心的党中央保持高度一致。要坚持正确舆论导向，坚持团结稳定鼓劲、正面宣传为主的基本方针，唱响主旋律，弘扬正能量，做大做强主流思想舆论，提高新闻舆论传播力、引导力、影响力、公信力。要深入开展马克思主义新闻观教育，引导广大新闻舆论工作者增强脚力、眼力、脑力、笔力，做党的政策主张的传播者、时代风云的记录者、社会进步的推动者、公平正义的守望者……可以说，坚持党性原则，必然要求在新闻舆论的具体实践中践行以下几个主要方面的内容。

一、坚持党对新闻舆论工作的领导

办好中国的事情，关键在党。习近平总书记概括新时代党和人民奋进历程中形成的"五个必由之路"重要认识，其中第一个重要认识便是"坚持党的全面领导是坚持和发展中国特色社会主义的必由之路"。这一重要论断，揭示了党的领导与中国特色社会主义的关系，昭示了我们党对马克思主义建党学说和社会主义发展规律的深刻认识。

党政军民学，东西南北中，党是领导一切的，是最高的政治领导力量。党的新闻舆论工作坚持党性原则，最根本的是坚持党对新闻舆论工作的领导。历史上，"全党办报（办台、办社）"是我们党的一个优良传统，做好宣传思想工作必须全党动手。这里的关键问题，是如何理解和把握党的领导，在实际工作中怎样贯彻这一要求。

首先，要准确认识党的领导，才能清楚"党的新闻舆论工作的领导"到底是什么意思。有的人一听到党领导新闻舆论工作，就认为一定会把新闻舆论事业"管死"。这是十分错误的观点。这种认识误区，归根结底是对"党的领导"认识存在偏差。有党建专家曾深刻辨析过这个问题，认为不能把党的领导简单等同于管理。现代领导科学把领导与管理作了清晰的划界，即领导是做正确的事情，管理是把事情做正确。党的强大领导力和战斗力的提升，应该是党更善于用非权力领导力去驾驭和升华权力领导力的本领的提升。因此，新时代强调党的全面领导和党领导一切，绝不是要党包打天下，要党包办包揽一切，更不是要党代替人民当家作主，而是更好地领导中国人民在自己的土地上当家作主。所以，一定要注意克服两种倾向，决不能因为担心党包揽一切就否定党领导一切，决不能因为担心代替人民当家做主就不再去领导人民当家做主，这在逻辑和法理上都是错误的，在实践中更会造成有害的结果。

党管媒体的"媒体"，绝不仅仅是"党办媒体"，体制内的媒体要管，市场化的媒体要管，对那些为用户提供信息服务的机构和个人也要管。党的十七届六中全会通过《中共中央关于深化文化体制改革、推动社会主义文化大发展大繁荣若干重大问题的决定》，在"加强和改进舆论工作"的部分指出，"以党报党刊、通讯社、电台电视台为主，整合都市类媒体、网络媒体等宣传资源，构建统筹协调、责任明确、功能互补、覆盖广泛、富有效率的舆论引导格局"[1]。习近平总书记也指出："读者在哪里，受众在哪里，宣传报道的触角就要伸向哪里，宣传思想工作的着力点和落脚点就要放在哪里。"[2]特别是在当下，对互联网给媒介环境带来的深刻变化及对新闻舆论工作造成的影响要有充分认识和预判。凡是提供新闻信息服务、具有媒体属性和舆论功能的主体或形态，都应当纳入党管媒体的范畴。换言之，党对媒体的管理应实现从"党办媒体"到"社会化媒体"、从传统主流媒体到网络媒体等一切介质媒体的全覆盖。

坚持党对新闻舆论工作的领导，关键是要通过制度化，建立原则、形成规范。2019年，中共中央印发了《中国共产党宣传工作条例》，对各级

[1]转引自黄娴、丁柏铨：《党管媒体：新中国成立以来的理论与实践》，《传媒观察》2021年第10期，第13页。
[2]转引自黄娴、丁柏铨：《党管媒体：新中国成立以来的理论与实践》，《传媒观察》2021年第10期，第13页。

党委的领导作出明确规定。《条例》强调做好宣传工作需要全党动手，并指出，各级党委对宣传工作负主体责任，应当把学习宣传贯彻习近平新时代中国特色社会主义思想作为首要政治任务，加强对宣传领域重大战略性任务的统筹指导和重大问题的分析研判。《条例》规定了党委的7项主要职责：一是贯彻落实党中央和上级党委关于宣传工作的决策部署以及指示精神，指导和督促检查下级党组织做好宣传工作；二是定期研究部署宣传工作重要工作和重大事项，每年向党中央或者上一级党委报告宣传工作情况；三是研究制定宣传工作的重要政策，按照权限制定宣传工作相关党内法规和规范性文件，推动制定宣传工作相关法律法规，并组织实施；四是牢牢掌握意识形态工作领导权，落实意识形态工作责任制；五是统筹社会主义精神文明建设和文化建设；六是领导宣传部门做好宣传工作，选优配强宣传系统领导班子和主要负责人，加强宣传干部、人才队伍建设；七是领导同级人大、政府、政协、法院、检察院、人民团体、企事业单位等做好本部门本单位本领域宣传工作。"条例"还规定了党委宣传部的16项工作职责，并把基层宣传工作单列一章，对企业、农村、机关、学校、科研院所、街道社区、社会组织等基层单位的宣传工作作出明确规定。这就从制度层面为党的领导提供了坚实支撑。

二、坚持正面宣传为主

"团结稳定鼓劲、正面宣传为主"，是党的新闻舆论工作必须遵循的基本方针。做好正面宣传并不容易，在理论上、笔头上、口才上和其他专长上没有"几把刷子"是不行的。习近平总书记指出："我们看世界，不能被乱花迷眼，也不能被浮云遮眼，而要端起历史规律的望远镜去细心观望。"①马克思主义掌握了人类社会发展的规律，具有唯物辩证的科学方法，善于透过现象看本质，能够从扑朔迷离的复杂现象中把握住问题的实质，从众多支流中找到主流，从局部的变幻中把握住总体和大局。因此，面对复杂多变的社会现实，新闻舆论工作者要善于运用矛盾分析的方法。为此，特别有必要从马克思主义基本原理出发，夯实理论根基，筑牢思想基础，从而为正面宣传的具体实践提供有力的武器和指导。

主要矛盾与非主要矛盾。这是揭示事物内部多种矛盾的不同的地位、作用及其相互关系的哲学范畴。毛泽东在《矛盾论》中把主要矛盾和非主要矛盾的问题作为矛盾特殊性中必须特别地提出来加以分析的问题做了系统阐发。他说："由此可知，任何过程如果有多数矛盾存在的话，其中必定有一种是主要的，起着领导的、决定的作用，其他则处于次要和服从的地位。"②主要矛盾是事物发展过程中起领导、决定作用的矛盾。其他矛盾处于次要和服从的地位，是非主要矛盾。事物发展中主要矛盾和非主要矛盾的关系，往往呈现出复杂的情况，必须从实际出发做具体分析。但不管怎样，发展过程的各个阶段中，只有一种矛盾起着领导的作用。由于主要矛盾和非主要矛盾的地位、作用不同，所以研究任何过程，不能把所有的矛盾平均看待，而是要全力找出主要矛盾。抓住了主要矛盾，一切问题就迎刃而解了。这就是抓主要矛盾的方法。同时，主要矛盾和非主要矛盾是

①习近平：《论坚持推动构建人类命运共同体》，中央文献出版社2018年版，第199页。
②《毛泽东选集》第1卷，人民出版社1991年版，第322页。

相互影响的，主要矛盾与非主要矛盾相互关系的原理要求我们在观察和处理问题时，既要将重点放在把握和解决主要矛盾上，在矛盾体系和各种矛盾力量的变化中，准确预见事物矛盾发展变化的趋势，又要重视次要矛盾的解决，做到统筹兼顾。

矛盾的主要方面与非主要方面，这是揭示事物矛盾双方的不同地位、作用及其相互关系的哲学范畴。矛盾的主要方面，是事物矛盾双方中居于支配地位、对事物发展起主导作用的方面。处于被支配地位、对事物的发展不起主导作用的方面，是矛盾的非主要方面，或次要方面。事物的性质，主要是由居于支配地位的矛盾的主要方面所规定的。正确地分析矛盾，认识事物，必须分清事物矛盾的主要方面和次要方面。抓不住矛盾的主要方面，就不能辨别事物的性质，划清不同事物的界限。但是矛盾的非主要方面也是事物发展中不可缺少的因素，它也影响和制约着矛盾的主要方面。对矛盾的次要方面也不可忽视。有时为了加强或解决矛盾的主要方面，要先从矛盾的次要方面入手。在认识和实践活动中，我们既要全面地看到矛盾的两个方面，又要注意区分矛盾的主要方面和次要方面，把两点论和重点论统一起来，还要注意矛盾主次双方的相互联系和相互转化。

本质与现象。这是揭示事物内在联系和外在表现的一对范畴。本质是事物的根本性质，是构成事物的诸要素之间的内在联系。现象是事物的外部联系和表面特征，是事物本质的外在表现。现象可以区分为真相和假象。本质与现象是相互区别的。本质是一般的、普遍的，现象是个别的、具体的；本质是相对稳定的，现象是多变易逝的；本质深藏于事物的内部，只有通过理性思维才能把握，而现象则是表面、外显的，可以直接为人的感官所感知。正确把握本质和现象的关系对于我们的认识活动和科学研究具有重要作用。科学的任务就在于准确辨别真相和假象，透过现象把握本质，为此需要掌握大量的现象，进而通过技术手段和理论分析去粗取精、去伪存真，由此及彼、由表及里，不断深化对事物的认识。

我们之所以选择上述一些重要的基本范畴进行阐述，就是因为这些基本概念及其原理，是马克思主义新闻观的基础，是我们在实际工作中坚持正面宣传的理论根基。只有理论清楚，才有政治上的坚定，也才有行动上的自觉。我们为什么坚持正面宣传为主？从马克思主义基本原理来看，就是因为存在着主要矛盾和非主要矛盾这样的范畴，而这些范畴在逻辑上的关系，要求我们必须在其对应的现实中予以贯彻，比如宣传中要抓住主要矛盾而不是非主要矛盾。

正面宣传要把握好时度效。比如，《辽宁日报》理论版推出的精品专栏、专版，基本上都围绕习近平新时代中国特色社会主义思想和中央重要会议精神而设计，形成常态化，力求品牌化。每逢中央全会都开辟相应专栏，如党的十九大前后，精心策划，于会前推出"治国理政新理念新思想新战略"专栏，多角度破题专访知名专家学者，营造思想舆论氛围；会中，第一时间推出特刊，为理论注入新闻时效性；会后，及时开辟"全面贯彻落实党的十九大精神"专栏，以北京权威专家学者为主体约稿组稿，有计划分步骤地对十九大报告进行总体解读与专题解析，持续推进理论宣传环环相扣、层层深入。

以辽宁的"六个地"宣传为例。2021年,辽宁日报以"聚焦红色辽宁 赓续精神血脉"为主题推出系列报道,在中国共产党建党百年之际,聚焦党史学习教育的重大意义,集中宣传红色辽宁历史、展示红色辽宁形象,全面反映了在"学党史、悟思想、办实事、开新局"中,辽宁发扬革命传统、传承红色基因、砥砺奋进之志的担当与作为。

深入剖析,吸引力大。习近平总书记指出,在党史学习教育中,要充分运用红色资源,教育引导广大党员、干部坚定理想信念、筑牢初心使命,不断增强斗争精神、提高斗争本领,做到在复杂形势面前不迷航、在艰巨斗争面前不退缩。[①]党史学习教育用活"红色资源",需要主流媒体站位更高、思考更深,为党在新时代的新事业、新任务凝聚新的精神力量。为此,辽宁日报头版连续刊发《打响抗战第一枪 浴血奋战十四年》《军民同心见伟力 辽沈决战定乾坤》《奋勇抗战最强音 国歌素材铸精魂》《英雄儿女跨江进 抗美援朝书奇功》《"工业摇篮"奠基业 振兴发展谱新篇》《沃野黑土育楷模 雷锋精神代代传》6篇深度报道,解答剖析了红色政权是怎么来的、新中国是怎么来的、今天的幸福生活是怎么来的内在精神动力,观点权威、史实精准、论述细致,增强了红色文化的吸引力。

情理交融,感染力强。讲好红色资源故事,需要好的方式方法。讲故事就是讲事实、讲形象、讲情感、讲道理,讲事实才能说服人,讲形象才能打动人,讲情感才能感染人,讲道理才能影响人。辽宁有丰富的红色资源,承载着光辉闪亮的历史记忆,是鲜活的价值观,是形象的教科书。

---

① 习近平:《学好"四史" 永葆初心、永担使命》,《求是》2021年第11期。

辽宁日报派出全媒体记者踏访遗址遗迹、专访专家学者、寻访亲历者见证者，触摸红色历史，感受红色力量。该组报道以内容为王，同时具有历史视野、国际视野，通过生动、深入、具体的纵横比较，全面梳理辽宁红色文化，将抗日战争起始地、解放战争转折地、新中国国歌素材地、抗美援朝出征地、共和国工业奠基地、雷锋精神发祥地的红色故事讲清、说透，树立起"六地"全新形象，为其背后的红色故事赋予精神高度和理论深度，具有较强的感染力。

创新表达，影响力广。辽宁日报的这次主题宣传积极利用新媒体平台的优势，通过二次包装制作推送，放大权威声音，充分挖掘好、整理好、阐发好辽宁红色资源这座"富矿"。在文字稿刊发当日，《辽宁日报》在微信公众平台以"权威发布"栏目对6篇报道进行二次包装整合，在更大的范围、以更快的速度形成红色文化的品牌效应，使更多的人通过重温历史增添正能量，有效提升了党史学习教育的吸引力、辐射力、影响力。

在党史学习教育宣传中，辽宁日报加强新闻策划，不断提升党史学习教育的实践效能。这组报道找准守正与创新契合点，解读我们"从哪里来"的精神密码，找出我们"走向何方"的精神路标，充分发挥了党报的舆论引导作用，在党史学习教育中彰显主流媒体担当，为地方经济社会发展提供了舆论支持，凝聚起奋进力量，为推动党史学习教育深入群众、深入基层、深入人心创造了良好的舆论氛围。

在这一主题宣传中，《辽宁日报》理论版约请来自省内党校、社科院、辽宁大学、抗美援朝纪念馆、东北大学、大连理工大学的相关领域知名专家学者，撰写了《十四年抗战的起点在辽宁》《辽沈战役胜利成为全国解放战争转折点》《辽宁抗日义勇军誓词与军歌成为国歌素材》《志愿军从这里跨过鸭绿江奔赴朝鲜前线》《辽宁为共和国工业发展奠定坚实基础》《雷锋精神在辽宁锻造生成并走向全国》共6篇理论文章。这组专题策划突出思想性、专业性，着眼于通俗化、大众化，作者带着对家乡真切而饱满的情感展开论述，以情动人、以理服人、情理交融，史论结合、论从史出、史由证来，体现了站位高度、思想深度、表达温度的有机统一。一方面，注重学理、合于道理，吃透主题宣传精神实质，结合党的百年历史来梳理，结合辽宁发展史来把握，结合中国共产党人精神谱系来阐发，既有接地气的概念解读、生动翔实的史实事例分析，又有深入浅出的讲评、专业准确的辨析，聚焦主题，娓娓道来。另一方面，因应机缘、顺势而为。在党史学习教育扎实开展之际，理论宣传主动把握时机，因势利导，为"六个地"提供了系统证明、逻辑支撑，有助于展示真理的力量，从理性层面启迪干部群众用好本地红色资源，切身感受艰辛历程、巨大变化、辉煌成就，激发出关注辽宁、走进辽宁、热爱辽宁的热情，凝聚起心往一处想、劲往一处使的共识，串联起对于振兴发展未来的憧憬和期待。

三、尊重新闻传播规律

新闻工作有着自身独具的客观规律，在这一点上，新闻工作与其他工作一样，没有什么特殊性，必须服从规律的客观必然性，按规律办事。坚持党性原则，与尊重新闻传播规律是高度统一、内在一致的。坚持党性原则，必然要求尊重新闻传播规律，尊重新闻传播规律是坚持党性原则的题中应有之义；越是坚持党性原则，对新闻传播规律的坚守就越自觉、越坚定，相应地，越是尊重新闻传播规律，就越是更好地坚持了党性原则，更好地推动新闻事业健康科学发展。

习近平总书记指出："新闻学作为一门科学，与政治的关系很密切。但不是说新闻可以等同于政治，不是说为了政治需要可以不要它的真实性，所以既要强调新闻工作的党性，又不可忽视新闻工作自身的规律性。"①这就要求我们掌握一个辩证法：既不能片面认为严格按新闻规律办事就不该受政治因素的制约和影响，也不能简单地认为社会主义新闻舆论工作政治性很强，根据政治需要做好新闻宣传就行了。我们要清醒地认识到，新闻舆论工作按新闻传播规律办事，既是其专业属性的必然要求，也是其体现政治属性的现实需要。历史和事实都表明，只有严格遵循新闻传播规律，才能使得新闻传播充分满足社会需求、人民需要、时代要求，更好地服务党的事业，更好地国家和人民，更好地实现其职责使命。

我国老一辈新闻工作者吴冷西曾说，新闻应该按新闻的规律办事——让事实说话。事实决定新闻，而不是新闻决定事实。一切新闻报道只能且必须以事实作为基础，没有事实，新闻报道就无从谈起。可以说，事实对新闻信息的全部内容和价值呈现起决定性作用。尊重新闻传播规律，最重要的一条要求就是让事实说话，坚决反对虚假新闻。

---

① 转引自许一鸣：《把握好新闻工作的基点——福建宁德地委书记习近平谈新闻工作》，《中国记者》1989年第7期。

根据教育部通知，各校对上学时间、课程安排进行相应调整，帮学生找回"丢失"的睡眠。

一纸"睡眠令"，效果有几何？[①]

太困了！深夜，小孩子还在灯下写作业；清晨，睡眼惺忪，强打精神去上学；课堂上，经常犯困……去年，教育部对10省份开展的中小学生学业负担监测结果显示，睡眠不足正成为当下中小学生面临的共性问题，不仅影响了他们学业的进步，还可能导致青少年身体素质的下降，影响其健康成长。

为保证中小学生享有充足的睡眠时间，促进学生身心健康发展，3月30日，教育部办公厅印发《关于进一步加强中小学生睡眠管理工作的通知》，对学生的必要睡眠时间、学校作息时间、晚上就寝时间等做出明确要求。其中包括小学生每天睡眠时间应达到10小时，初中生应达到9小时，高中生应达到8小时；小学上午上课时间一般不早于8：20，中学一般不早于8：00，学校不得要求学生提前到校参加统一的教育教学活动等。

随后，省教育厅下发通知，要求全省中小学校将睡眠管理同作业管理、体质管理、手机管理、近视防控、未成年人网络治理等工作统筹考虑，综合施策。同时，加大督导检查力度，设立监督举报电话，确保此项工作落到实处。

教育部门"睡眠令"在我省推行的效果如何？推进过程中需要破解哪些难题？请看本报调查。

---

① 葛红霞：《一纸"睡眠令"，效果有几何？》，《辽宁日报》2021年5月21日，第8版。

从发现一粒种子到成为一个产业，要经历一个十分艰辛而漫长的过程——

打好持久战 成就农业"芯"①

一粒种子，可以改变一个世界。一个品种，可以造福一个民族。

农业种质资源是现代种业发展的基础，是国家战略资源，对于农业科技原始创新、可持续发展有着不可替代的作用。我国幅员辽阔、地大物博，是种质资源大国。然而，与国际先进水平相比，许多种源还有较大差距。"大而不强"的重要原因之一，就是资源的利用程度不够。

如何打赢种业翻身仗？"必须掌握良种培育这一基础性技术，激活种质这一'沉睡资源'，实现种源自主可控。"采访中，多位从事种业研究工作的科研人员均提出此看法，要在广泛收集和保护种质资源的基础上，对其进行系统的挖掘和利用，让种质资源的价值最大化，创造更多适应现代农业发展的新资源、新品种，从源头上保障种业发展与种业安全。

作为农业大省，辽宁种质资源创新使命在肩。近年来，通过大力实施现代种业提升工程，培育并推广了一批高产、稳产、绿色的优良新品种，"十三五"期间，审定主要农作物品种704个，为"中国粮主要用中国种"提供了重要支撑。

那么，一粒种子从研发培育到推广，成长之路有多长，相关人员付出了哪些努力，当前取得了哪些突破？

记者再度一探究竟。

①李越：《打好持久战 成就农业"芯"》，《辽宁日报》2021年8月13日，第6版。

辽宁网红众多，但直播变现能力却亟待提升——

主播"流量"如何变电商"增量"①

一部手机、一个支架，农民有了致富"新农具"；准点开始、好物推荐，小微商家有了展销新平台；线上接单、线下发货，传统市场有了增收新渠道……眼下，越来越多的消费者将逛街的脚步"迈"向直播间，直播电商已然成为激活消费市场、拉动经济增长的新动能。

"辽宁是快手电商'老铁文化'的发祥地。在快手平台，百万粉丝以上的辽宁籍主播有1200余人，居全国第二位。"在一场汇聚了企业、学界等各方代表的电子商务经济论坛上，快手电商服务商管理团队辽宁负责人李闯这样介绍辽宁的主播优势。一语激起千层浪，各方观点相继而至。"辽宁'老铁'的口才和幽默感的确是吸引粉丝的天然优势，这也是辽宁籍主播大量涌现的原因。""但就目前来说，辽宁的电商产业和南方一些电商大省相比，尚存差距。"

拥有如此庞大的主播体量，为何在变现能力上不如南方？辽宁的直播电商如何才能迎头赶上？对此，本报记者深入采访了多名主播、MCN机构负责人及行业内相关人员，分析探究辽宁直播电商的发展现状及未来前景。

请看本报调查——

实事求是，是新闻传播规律最核心的要求，也就是所有的新闻报道以客观事实为依据，用事实说话。从以上《辽宁日报》"本报调查"版面

---

①赵婷婷、刘璐：《主播"流量"如何变电商"增量"》，《辽宁日报》，2022年1月7日第6版。

部分作品的内容提要等相关例证不难发现，"实事"在哪里？"是"到何处求？应该是，基层一线人民群众的生产生活正是新闻的源头活水，天然地成为新闻的"富矿"。新闻舆论工作者走向基层、深入一线，才能发掘出源源不断的大量材料，才能触摸到新闻传播规律，才能自觉按照规律去进行写作和创作。新闻战线的"走基层、转作风、改文风"活动，其主要用意或作用之一，就是更好地尊重新闻传播规律、掌握传播规律、运用传播规律，不断提升新闻舆论工作能力水平。这里，核心一条要求就是站稳人民立场，深入到群众中去。不断解决好"为了谁、依靠谁、我是谁"这个根本问题，按照新闻传播规律办事就有了坚实的基础。因此，从学理层面，我们有必要深入理解和把握人民群众是历史的创造者的思想。

人类社会历史是谁创造的？在马克思主义产生之前，无论唯物主义还是唯心主义都主张英雄史观。主观唯心主义认为，历史是由少数英雄豪杰、帝王将相创造的，他们的思想、意志、愿望、才能等精神因素决定历史发展进程；客观唯心主义认为，历史是由英雄人物背后的精神力量创造的，是天命或绝对精神的外化。英雄史观认为，人民群众是愚人，缺乏意志和思想，只能被英雄人物支配。马克思和恩格斯立足于历史唯物主义原理，强调社会存在决定社会意识，人类社会发展归根结底是由物质资料生产发展状况决定和制约的，物质资料的生产方式制约着整个社会发展进程，是人类社会发展的决定力量。人民群众是物质生产的主体，因而是社会历史的主体，是历史的创造者。列宁指出，以往的历史理论至多仅是考察了人们历史活动的思想动机，而没有考察产生这些动机的物质根源，因而看不到人民群众的历史作用。习近平强调，人民是历史的创造者，是真正的英雄，要把人民放在心中最高位置，牢固树立以人民为中心的发展思想。

历史唯物主义认为，人民群众是历史的创造者。人民群众，是指一切对社会历史起推动作用的人们。人民群众是一个历史范畴，但是无论何时，从事物质生活资料生产的劳动群众都是人民群众中主体的和稳定的部分。古代社会，劳动群众是奴隶阶级、农民阶级及其他劳动人民；近代工业革命以来，劳动群众是工人阶级及其他劳动人民。人民群众创造历史的作用，主要表现在：首先，人民群众是社会物质财富的创造者。人们为了能够创造历史，首先就需要吃、喝、住等物质生活资料，人类社会赖以生存的物质生活资料就是劳动人民在改造自然的劳动中生产、创造出来的。在物质生产活动中，人民群众不断积累经验，改进技术，创新工具，推进社会生产力的不断发展，在"静悄悄的劳动"中推动历史前行。其次，人民群众是社会精神财富的创造者。劳动人民从事的物质生产实践为精神文化的生产创造了物质前提，同时，一切科学、艺术等文化创造归根结底也都是以人民群众实践经验为基础进行提炼、概括的结果，物质生产实践是一切精神产品创作的源泉。再次，人民群众是社会变革的决定力量。人民群众不断推进生产发展，不断提高的生产力必然引起生产关系的变革，直到社会形态的全面改变。在阶级社会里，生产关系的变革、新社会制度代替旧制度的斗争，都是通过人民群众的阶级斗争实现的。人民群众是社会变革的主力军和决定力量。随着历史活动的深入，群众队伍必然扩大。当然，历史唯物主义承认人民群众创造历史的决定作用，同时也充分肯定个人、肯定英雄人物在历史上的作用，历史的必然性通过个人活动的偶然性表现出来，英雄或领袖人物对历史发展起重大的推动或阻碍作用，但改变不了历史发展的总方向。最后，人民群众是历史的创造者并不是说人民群众随心所欲地创造历史，每个时代的人民群众都是在既定的生产力和生产关系的前提下创造历史，顺应社会发展规律来创造历史。

人民群众是历史的创造者思想是历史唯物主义的重要原理，它第一次颠覆了英雄人物创造历史的观点，是全新的科学历史观。同时，也是群众路线、群众观点的基本内容和理论依据。习近平强调，学习和掌握人民群众是历史创造者的观点，坚持把实现好、维护好、发展好最广大人民根本利益作为推进改革的出发点和落脚点，让发展成果更多更公平惠及全体人民。

新闻舆论工作者应头脑十分清醒地认识到，人民群众的社会实践和社会生活，构成了新闻报道得以开展的前提，也是新闻规律所寓于其中的本体所系、本源所在。新闻舆论工作者要把笔头、镜头对准人民群众，脚踏实地地深入群众、深入实际、深入新闻事件的现场，深入调查研究，全面掌握相关一手材料，多角度采访相关人物，多层面思考报道对象和课题，按照事物和事实的本来面目进行报道。由于报道所叙述的进程是事物和事实自身发展的过程，所进行的提炼和概括是事物和事实本身的性质和属性，所描绘是事物和事实自身的形式和形象、内容和内涵，所挖掘的细节是事物和事实本身的"活细胞"，所做的价值判断是事物和事实的趋势所向和应然状态，因此，所采写的报道必然是事物和事实本身的呈现，所下的结论必然是事物和事实自然而然形成的结果，必然实现了合规律性与合目的性的统一。

四、加强新闻队伍建设

习近平总书记在党的新闻舆论工作座谈会上强调，新闻舆论工作者"要转作风改文风，俯下身、沉下心，察实情、说实话、动真情，努力推出有思想、有温度、有品质的作品"[①]。习近平总书记在全国宣传思想工作会议上指出，"宣传思想干部要不断掌握新知识、熟悉新领域、开拓新视野，增强本领能力，加强调查研究，不断增强脚力、眼力、脑力、笔力，努力打造一支政治过硬、本领高强、求实创新、能打胜仗的宣传思想工作队伍"[②]。从新闻舆论工作到宣传思想工作，习近平总书记的重要论述一脉相承，有思想、有温度、有品质的作品正是新闻工作者不断增强脚力、眼力、脑力、笔力的结果。习近平总书记对宣传思想干部提出的素质和能力要求，具有很强的实践指导意义，为新时代新闻舆论工作者队伍建设指明了方向、提供了遵循。

增强脚力、眼力、脑力、笔力

更好履行新闻舆论工作职责使命

——中国记协倡议书[③]

2018年8月，习近平总书记在全国宣传思想工作会议上强调，要不断增

①李斌、霍小光：《习近平在党的新闻舆论工作座谈会上强调 坚持正确方向创新方法手段 提高新闻舆论传播力引导力》，《光明日报》2016年2月20日。第1版。
②张晓松、黄小希：《习近平在全国宣传思想工作会议上强调 举旗帜聚民心育新人兴文化展形象 更好完成新形势下宣传思想工作使命任务》，《光明日报》2018年8月23日，第1版。
③《增强脚力、眼力、脑力、笔力 更好履行新闻舆论工作职责使命——中国记协倡议书》，《光明日报》2019年1月17日，第4版。

强脚力、眼力、脑力、笔力，努力打造一支政治过硬、本领高强、求实创新、能打胜仗的宣传思想工作队伍。我们倡议，全国广大新闻工作者牢记嘱托、勇担使命，在增强"四力"实践中学在前、走在前，书写新时代的精彩答卷。

我们倡议，在增强"四力"中着力提高政治能力，始终保持清醒的政治头脑。深入学习领会习近平新时代中国特色社会主义思想，增强"四个意识"，坚定"四个自信"，突出"两个维护"，把党的理论路线方针政策和重大决策部署宣传好、阐释好、落实好，始终在政治立场、政治方向、政治原则、政治道路上同以习近平同志为核心的党中央保持高度一致。牢牢坚持马克思主义新闻观，坚持政治家办报办刊办台办新闻网站，把旗帜鲜明讲政治的要求贯穿融入到新闻舆论工作的各环节、全过程，真正把政治方向、政治要求体现到新闻采编工作中去。

我们倡议，在增强"四力"中着力提升业务本领，练就一身好把式、真功夫。勤于学习，善于思考，自觉运用马克思主义立场观点方法认识和分析问题，既有敏于发现的眼睛，又有深刻洞察的头脑，练就透过现象看本质、廓清迷雾辨是非的本领。不断提升专业素养，打牢专业功底，加快知识更新，掌握好"看家本领"，全面提高采、写、编、评各项业务水平。科学把握、自觉遵循新闻传播规律，善于把握时度效，采写更多有思想、有温度、有品质的精品佳作。

我们倡议，在增强"四力"中着力推进创新创造，让新闻作品更富时代性、更有实效性。增强融合意识，掌握全媒体传播技术，提高全媒体采编能力，做到有"几把刷子"，会"十八般武艺"，真正成为"全媒化""复合型"媒体人才。增强受众意识，研究受众特征，把握受众需求，精准定位，量身定做，互动传播。增强创新意识，大胆进行业务探索，创新节目栏目形态，创新语言表达方式，让新闻作品能够满足人民期待、经得住时代考验。

我们倡议，在增强"四力"中着力锤炼优良作风，深入基层、深入实际、深入群众，进一步转作风、改文风。坚持以人民为中心的工作导向，以人民为报道主角，以人民为服务对象，心系人民，讴歌人民，始终保持人民情怀。发扬"脚板底下出新闻"的好传统，深入基层一线"抓活鱼"，从火热社会实践中发掘素材，从群众生产生活中发现选题，采写更多"沾泥土""带露珠""冒热气"的文章。坚持短实新、反对假长空，多使用群众听得懂、听得进的语言，让报道吸引人、打动人，传得开、传得远。

希望广大新闻工作者通过"脚力"的勤快深入、"眼力"的广大精微、"脑力"的深思熟虑、"笔力"的表达呈现，更好地体察世情、国情、党情、民情，更好地反映亿万人民的奋斗实践，更好地讲述中国故事、传播中国声音，为实现中华民族伟大复兴中国梦汇聚强大精神力量、营造良好舆论氛围。

增强脚力。俗话说，"好新闻是跑出来的"。坐在办公室里是等不来好新闻的，只有深入基层、深入一线，到实地、在现场，才能接地气、冒热气、有活气。

2016年是中国共产党成立95周年暨中国工农红军长征胜利80周年，辽宁日报组织精干力量，经过长达半年的论证、调研和采访，足迹遍布全国19个省区市，于6月至7月间推出了大型新闻策划《铁纪·铁流》。该策划创新视角，在全国媒体中率先以"纪律"为主题，对中国共产党28年艰苦卓绝的斗争历程中的纪律建设的重大举措与重要事件进行了全景式呈现。策划共80块专版，60余万字，分为五个主题：铸信仰、建制度、炼忠诚、讲原则与立规矩。大型新闻策划《铁纪·铁流》获得第二十七届中国新闻奖一等奖。策划推出后，社会反响强烈。报道成果在辽宁省档案馆公开展出，成为"两学一做"学习教育活动的生动教材。报道内容于10月底结集出版，获中国三大干部学院收藏，同时，报道团队也受邀赴辽宁多地的学校、社区、机关事业单位宣讲采访故事。报道组成员高爽同志作为团队代表参加2016年全国"好记者讲好故事"比赛讲述《铁纪·铁流》的采访经历，荣获最佳选手称号，并随中国记协进行了全国巡讲，受到媒体同行及各地读者的高度肯定。

江西省瑞金市有一条苏维埃大道，著名的红色景区叶坪革命旧址群就坐落在这条大道旁。本报特别报道组到叶坪革命旧址群采访是在3月5日，当天是周末，参观的人络绎不绝。

"一苏大"会址位于叶坪革命旧址群的核心地带，因为会址内每天有历史情景剧演出，因而总是聚集着很多游客。会址内的中间区域是主席台和座椅，两侧则是由木板隔开的一间间办公室。其中一间比较特别，因为门板上挂着一个控告箱。控告箱右上方的木牌标明了这间办公室的名称——工农检察人民委员部。设立工农检察机构，是苏区为杜绝官僚腐化，构建清正廉洁的执政风气所做出的重要举措。

……

为了挖掘更多有关工农检察部的历史，记者又前往距离叶坪革命旧址群约7公里路程的沙洲坝革命旧址群采访。1934年，工农检察部改称工农检察委员会，由项英担任主席。工农检察委员会的旧址就在沙洲坝革命旧址群内。

透过工农检察委员会的旧址平面图，大致可以了解其机构设置情况，包括控告局、总务科、通讯局、中央工作团等，还配备有巡视员。特别值得一提的是，工农检察委员会建立了突击队、轻骑队、工农通讯员等群众性组织。严帆说，此类群众性组织接受工农检察委员会的管辖和指导，扮演了"助手"的角色。

……

4月24日，从遵义乘车前往习水县土城镇四渡赤水战场遗址。路过茅台镇，天下大雨，却依然无法挡住浓浓的酒香源源不断地飘进车里。

81年前，1935年3月16日，攻占茅台镇的红军战士同样闻到了这样的酒香。为了保护茅台酒生产作坊不受损失，在生产茅台酒最多的成义、荣和、恒兴三家酒坊门口，红军总政治部张贴了《关于保护茅台酒的通知》。

……

厉华研究红岩历史文化长达30余年，不仅遍览相关史料，更亲身接触过不少历史当事人，掌握了大量历史细节。更为重要的是，多年来，厉华奔走于全国各地，大力宣讲红岩故事，其特有的生动细腻、激情澎湃的宣讲方式，给广大听众留下了深刻印象。

2011年，厉华受邀在央视《百家讲坛》讲红岩，进一步扩大了红岩历史文化的传播范围与影响力，他本人亦成为家喻户晓的名人。虽然名气越来越大、社会活动越来越多，但厉华未改初衷，始终坚持把弘扬红岩精神作为自己最大的责任与使命。因此，当他接到本报特别报道组的采访邀请后，第一时间欣然应允。

为了更深入地呈现相关内容，报道组把讲坛搬上纸面，请厉华在辽宁日报开讲。这一次，厉华将纪律作为回溯红岩历史的线索，详细讲述了那些守纪与违纪的人物和事件，并且还深入剖析了红岩先烈在牺牲前夕向党谏言、提出八条意见的根本原因。①

这组作品之所以获得成功，与记者团队的脚力有很大关系。《本报特别报道组走进高校，学生党员们说：不能因为我让别人说党的不是》《廖家祠堂写下制度建设第一页》《包袱布写上"三大纪律六项注意"》《来到黄洋界》《两枚印章见证审计制度的确立》《把你们的报道加到我们馆的解说词里》《何大妈墓前献束花》《带着燃烧的希望走进延安》《先进的边区》《延河边那歌声嘹亮依旧》……从作品的标题中，从上述部分代

---

① 丁宗皓等：《铁纪·铁流》，《辽宁日报》2016年6月27日—2016年7月29日，T01—T16版。

表作引文中，我们不难感受到：以"脚力"勤快深入，成就了报道的生动感人。对此，团队记者张昕这样总结：寻找亲历者，重现历史的声音。报道组多方寻找仍在世的老红军、老战士或革命后代。比如，在第二期的报道中，独家专访到井冈山早期领导人袁文才之孙袁建芳，请他谈谈对爷爷的研究；找到古田会议会址廖家祠堂的廖姓后人，请他们谈红军在古田留下的故事，从个人视角来重现历史，让历史因为细节与故事而更加生动起来。现场海采，看红色文化的影响和传播。在每一个红色圣地、每一处遗址遗迹和纪念馆周边，报道团队都要做海量的现场采访，与来自全国各地甚至美国、韩国、加拿大等国外的游客交流，累计采访达300多人次，报道不仅呈现了他们在参观游览中获得的感悟，也代他们发声，反映了红色文化传播的意义和建议。强化互动，从历史中寻找解决当下问题的钥匙。报道设置的"走进"系列，先后走进社区、走进高校、走进警营、走进企业，与老党员、基层党务工作者、年轻的大学生群体互动，谈党员的使命担当、谈对党的纪律建设的理解，同时也结合当下热点问题谈如何学习和借鉴历史的经验教训；设置"专家支招"系列，召集各地纪念馆馆长、红色文化的宣讲者和业余爱好者，共同探讨如何利用红色资源为今天的文化建设和社会经济发展服务。

在"四力"中，脚力起着基础性支撑作用。没有脚力，就不能造就非凡开阔的眼力，不会产生深思熟虑的脑力，还可能使笔力脱离实际而天马行空。今天，网络发达，资讯丰富，还有必要到现场吗？这是毫无疑问的。"网上得来终觉浅"，深入实践一线，获取一手材料，是记者永恒的天职、从业的基本功和底线。放下架子、扑下身子，接地气、通下情，笔下的作品才能拥有绵绵不绝的生命力。

增强眼力。如果说脚力着眼的是新闻的源头活水问题，"问渠那得清如许，为有源头活水来"，那么，眼力则解决的是练就"火眼金睛"怎么看的问题。面对纷繁复杂的情况，面对各类事实与现象，新闻舆论工作者不能满足于单纯的记录，而要进一步提升观察力、鉴别力、判断力，善于发现问题、明辨是非、捕捉亮点、抓住根本。

唱衰东北已过时，这里经济正向好[①]

近年来，唱衰东北的声音一直不绝于耳，现在竟然到了不顾事实、视而不见，甚至有点肆无忌惮的程度。比如，最近有报道称，沈阳毕业生本地居留率全国第二，排在北京之后，马上就有人站出来怀疑数据真实性，殊不知数据源自第三方，而非政府提供；2017年辽宁省GDP增长由负转正，2018年上半年更是达5.6%，马上又有人站出来说，这是因为GDP去水分去得早的原因等等。反正，怎么都不是，怎么都不对。殊不知，在国家东北等老工业基地振兴计划、辽宁自贸试验区和"一带一路"倡议等政策措施的推动下，东北经济企稳向好已是不争的事实。

经济数据企稳

先看GDP。2017年，东北摆脱经济增速全国垫底的窘境，辽宁的经济增速则由-2.5%变成4.2%，经济整体企稳向好迹象明显。

---

① 姜伟：《唱衰东北已过时，这里经济正向好》，《环球时报》2018年9月21日。

其次看招商引资。2017年，辽宁实际利用外资和内资规模实现较大幅度增长，实际利用外资同比增长77.9%，引进国内资金项目实际到位资金同比增长42.7%，黑龙江实际利用省外资金同比增长7.7%。这些都说明地区魅力和对外资吸引力在增强。

再看进出口。2017年，辽宁省进口实现高速增长，进口额同比增幅达28.8%，高于全国增幅10.1个百分点，表明辽宁省对外贸易结构在优化，外贸企业自主发展能力不断增强。黑龙江省进出口同比增长17.1%，吉林省进出口同比增长3.0%，说明产业同质化的格局在改变，东北地区一荣俱荣一损俱损的情况弱化。

至于人均收入，2017年辽宁省人均收入超过全国平均水平，全国排名第八；吉林和黑龙江在全国也处中游。特别需要圈点的是对外投资，商务部表示，今年以来东北三省对外投资连续6个月保持较大幅度增长，展示了东北的实力，说明东北国际产能合作能力日渐增强。

周边环境改善

东北是边境地区，近几年常受地缘政治关系的影响，比如韩国"萨德"事件、朝鲜遭制裁、日本的历史问题等。加上俄罗斯和蒙古国经济增长乏力等，东北亚经济圈的合作发展受到限制，与东南亚经济圈的火热场面形成强烈反差。

然而，"一带一路"建设的推进以及近期周边国家合作关系的积极变化等正在给东北带来新的机遇。这包括：中日韩自贸区谈判进程和朝鲜经济发展步伐的加快。今年5月，半岛局势缓和，丹东房价曾两天上涨50%。

中日韩三国领导刚刚表示将进一步加快中日韩自贸区谈判，今年7月赴韩中国游客就达到41万人次，比去年7月增加45.9%。地缘政治的影响力可见一斑。

另外，从上周结束的东方经济论坛传来的消息也令人振奋，俄罗斯远东开发计划无疑将成为把东北振兴带入新的发展阶段的重大契机。现在的问题是，国内哪些地区和产业能够分得远东开发的更多蛋糕。从目前俄罗斯圈定的合作领域看，基础设施、能源、农业、旅游是先期的重点。这对东北来说是直接利好。

抛开投资、承揽项目不谈，远东基础设施的改善就是在间接改善东北地区的基础设施，是在间接提升东北基础设施的利用率、辐射力。远东地区的公路、铁路、桥梁设施完善之后，更能充分发挥东北的运力，比如辽宁构建的"辽满欧""辽蒙欧""辽海欧"三大通道的运力会因远东基础设施的完善得到提升。能源和农业方面，吉林的能源加工、黑龙江的现代农业、辽宁的装备制造在国际产能合作等方面具有比较优势。这些合作必然会培育东北企业竞争的新优势，促进产业的转型升级，提升东北地区的对外开放水平。

营商环境转好

越来越多的投资在转向东北。在东北营商环境轮番遭遇诟病之后，东北做了大量工作进行整改，辽宁还经中编办批准成立了辽宁省营商环境建设监督局。由国家发改委联合其他单位在去年组织的对东北营商环境的评估结果显示，"与3年前和5年前相比，东北的营商环境已经有了很大的改善。"

2

23

这种改善直接反映在地区的亲和力和吸引力上。去年，辽宁自贸试验区运行满百天，新增注册企业就突破1万家，领跑国家第三批自贸试验区。沈阳市大东区面积只有100平方公里，却拥有4家整车生产企业，这种情况在世界范围看也不多见。去年底，华晨雷诺金杯汽车有限公司在此地正式成立，今年宝马公司又签约要在沈阳追加投资。

营商环境改善的另一标志是人才开始愿意留在东北。最近一个数据表明，沈阳的毕业生本地居留率达49%，长春为42%，而广州和上海的居留率才是40%。这虽然与人们的认识有些出入，但这恰恰说明对东北认识的迟滞性。东北的生活成本低、劳动力成本低的优势正在显现，投资洼地的效应正在显现。

国家政策支持

长期困扰东北的一些问题在国家政策的作用下也在发生变化。比如东北养老金亏空问题。人们更多地指责经济不好、财政收入不足、老龄化、人口减少等，其实问题的实质是，在固定人群中东北纳入社保体系的人口较其他一些地区比重要高，甚至高许多，原因是新中国成立初期东北的大工业、大生产和大开发。东北较早的工业化和城镇化对共和国成长贡献是巨大的，对此国家是认可的。于是有了7月实施的"养老保险基金中央调剂制度"，从某种程度上彻底缓解或解决了这一问题，对东北稳定经济、稳定民心具有特殊意义。

另一个常受诟病的是东北国企问题。在"从'做强做优做大'国有企业到'做强做优做大'国有资本"的系列政策指引下，东北三省对国企进行了大规模重组。2017年，辽宁省国企收入和利润均实现两位数以上增长。2017年，吉林立下军令状，力争用3年时间实现省属国企全部盈利。今年一季度黑龙江省国资委出资的16家企业实现营业收入114.1亿元，同比增长15%，利润总额9.01亿元，同比增长108.5%。国企的盈利能力在增强。

好风凭借力，振兴正当时。在东方经济论坛利好频传、中俄远东开发合作加强以及中日韩自贸区谈判和朝鲜经济发展步伐加快的背景下，东北在钢铁、能源、装备制造、化工、航空、机器人、人工智能和农业等领域的技术和产能优势将得到充分释放，东北有望重振雄风，借势再次成为东北亚经济圈的核心和翘楚。

眼力不是视力，不是天生的，而是在火热的新闻实践中淬炼的。这篇文章，就是提高眼力的一篇力作，做到了眼亮心明。针对当时的种种"唱衰"东北论调，作者用数据说话、以事实作证、以道理服人，有力驳斥了流行杂音的谬误之处，起到了解疑释惑、廓清迷雾的作用。面对东北振兴这个课题，怎么看？可以有不同的角度，但不同角度也区分为不同层次，只有从深层次去把握，全面而不是片面地、系统而不是零散地、运动而不是静止地、联系而不是孤立地观察事物，才能从表象中洞察本质、从争议中明辨是非，进而作出正确判断、得出正确结论。比如，2016年《中共中央国务院关于全面振兴东北地区等老工业基地的若干意见》公开发布后，辽宁日报理论部精细谋划，开设"透过数据看东北"专栏，从4月28日起至5月17日，分4期刊登沈阳大学教授姜伟的文章：《东北经济下滑情况被夸大》

《人口减少对东北经济负面影响有限》《东北现在不是将来也不会是"生锈地带"》《国有企业是财富不是"包袱"》。系列文章通过数据分析的方式解读东北新一轮全面振兴所面临的问题，以科学的视角和负责的态度来回应"唱衰"东北的论调，提振信心。系列文章见报后，产生了良好宣传效果和积极影响。网络关注度高，搜狐、今日头条等网站全文转载，网友纷纷留言赞扬党报客观理性的分析，党报文章被商业门户网站转载并引发网民热议，并不多见，是文章具有较强舆论引导力的具体表现。同时，向海外传播有效，作为向世界传播中国声音的重要平台，《环球时报》（英文版）将《东北现在不是将来也不会是"生锈地带"》全文翻译成英文，用大半版篇幅发表在当年5月23日B6版上，扩大了报道的海外影响力。可见，增强眼力不仅是发现好素材、好新闻的必要环节，也是进一步增强新闻敏感、提升新闻质量、扩大新闻影响的重要途径。

增强脑力。脑力就是思考力、探究力。毛泽东同志延安时期为《新中华报》题词就是两个字"多想"，就是希望大家思考问题能够更深入、更全面、更深刻、更透彻。增强脑力就要把学习和思考紧密结合起来，增强政治思维、辩证思维、历史思维、创新思维、底线思维，既有敏于发现的眼睛，又有深刻洞察的头脑，练就透过现象看本质、廓清迷雾辨是非的本领。

比如，辽宁日报理论宣传工作自觉向党中央看齐，向党的理论路线方针政策看齐，吃透中央精神，把握核心要义，将思想和行动统一到习近平总书记重要讲话精神上来，勤于思考、善于思考，不是"来什么，发什么"，而是"发什么，来什么"。围绕改革开放40周年这一重大节点，理论版编辑提前做足功课，集体学习和研究，集思广益，反复推敲，几次推倒方案重新再来，最终设计出系列题目，具体包括"改革开放与大道之行""改革开放与大旗之扬""改革开放与大业之成""改革开放与大国之治""改革开放与大党之兴"等选题，不仅气势恢宏，站位高，立意深，而且逻辑缜密，内在关联性强。主要有两大特点：一是重在把握"关系"，不是就改革开放论改革开放，而是将其放在"关系"中加以厘清，因此均以"改革开放与……"为框架。二是层次分明，各种侧重点，其中，"大道"指的是马克思主义大道，侧重于哲学层面的思辨；"大旗"指的是中国特色社会主义伟大旗帜，侧重于政治学层面的论证；"大业"指的是中国特色社会主义伟大事业的实践，侧重于历史学层面的梳理；"大国"指的是中华人民共和国，侧重于治理理论层面的阐释；"大党"指的是中国共产党，侧重于党建理论、政党学说层面的解读。这些选题形成一个完整的闭环，从宏观上涵盖改革开放伟大成就的主要方面。在中央召开纪念大会之前，掀起一个理论小高潮，展示了理论版编辑的选题设计能力。由于选题角度独特而富于新意，专家学者全部毫不犹豫地接受约稿。这些专家都是各领域的知名人士，是中央级媒体理论版的"常客"，分别来自中共中央党校（国家行政学院）、中国社会科学院、复旦大学、天津大学。这组文章题目格式相近，简洁大方有力，文章质量上乘，思想内涵厚重，让人眼前一亮。可以说，站位精准，立意精当，选题精心，打造精品，实现了思想性与新闻性、学术化与大众化、大道理与接地气的有机融合。

作为党的新闻舆论工作者，要增强脑力，根本之道就是要牢牢坚持马克思主义新闻观，自觉运用马克思主义立场观点方法，当前特别是要坚持以习近平新时代中国特色社会主义思想为指导，坚持以人民为中心的发展思想，牢牢把握正确舆论导向，不断提高用辩证唯物主义与历史唯物主义来分析事物的能力，弘扬主旋律，传播正能量。

增强笔力。脚力、眼力、脑力，最终要落实到笔力上面，笔力是落脚点，是语言文字的表现力，也是前三种力的综合体现。增强笔力要求新闻舆论工作者持续改进文风，不断跳出套路和程式化，不断打破僵化和模式化，形式上避免呆板，内容上避免枯燥，确保言之有物，语言精练生动，文风清新质朴，作品充满生命力。

"云"上共享红色经典和精品辽书
优质阅读内容让读者知辽宁爱家乡①

4月23日18时，以"读百年党史 促辽宁振兴"为主题的辽宁省第十届全民读书节"云"上开幕。继去年辽宁省第九届全民读书节首次采用"云"开幕式取得热烈反响之后，本届的开幕式观看数据再创新高，体现了本届读书节的参与热度，更体现了全民读书节举办10年来辽宁全民阅读热度的不断升温。

打卡红色地标，从百年党史中 汲取精神力量

---

①高爽：《"云"上共享红色经典和精品辽书 优质阅读内容让读者知辽宁爱家乡》，《辽宁日报》2021年4月29日，第8版。

每一年的辽宁省全民读书节都有一个契合时代的主题，本届读书节的主题是"读百年党史 促辽宁振兴"，这就为此后两个多月的读书节活动定下了一个红色经典阅读的基调。而开幕式上启动的"打卡红色地标"活动，更为阅读者提供了一个"路线图"。

开幕式嘉宾主持、国家一级演员王刚是跑步上台的，声音里带着激动，因为开幕式前播放的预热片里不断出现的辽宁红色地标，唤起了他作为辽宁人的难忘回忆。王刚如数家珍地讲起他所熟悉的辽宁红色遗址：

铁岭市银冈书院——周恩来少年读书地；中共沟帮子铁路党支部活动旧址——辽宁第一个党支部成立的地方；中共满洲省委旧址，《满洲红旗》在这里率先向全国发出抗战的宣告；抚顺市雷锋书屋，收藏着60多个版本的《雷锋日记》，让雷锋精神薪火相传……

辽宁省委党史研究室副主任、党史专家许晓敏，带着《杨靖宇传》《李兆麟传》《赵尚志传》《东北抗日联军史》《辽宁党史人物传》等书出现在现场，结合书中的内容讲述了4个故事：我党在辽宁建立第一个党支部沟帮子铁路支部的故事；中共满洲省委成立以及刘少奇在中共满洲省委的故事；抗联的故事；辽宁人民支援辽沈战役的故事。在讲到抗联故事时，她说："新时代的视域下，弘扬和传承抗联精神，决不是简单的感怀和铭记，更深的目的和意义在于不断加大对东北抗联精神实质内涵的研究和阐释，让精神财富转化为前行的动力和磅礴力量，让东北抗联精神薪火相传、历久弥新。"这一点，也应该是所有读者在阅读红色经典时、在读党史时应该有的态度。

一本自传体小说《把一切献给党》把观众带回到上世纪50年代。书的作者、中国军工事业的开拓者之一吴运铎，因为这本书有了"中国的保尔·柯察金"之称，王刚深情地回忆：他是我们那个时代的青年人学习的榜样，他百折不挠的精神让我们震撼。

这位舍生忘死、充满牺牲精神的共产党人形象正由文艺工作者进行艺术再现，大连话剧团正在排演庆祝中国共产党成立100周年献礼剧目——话剧《把一切献给党》。剧中吴运铎的扮演者张晓军在开幕式现场连线中，表达了阅读这部红色经典的感悟："作为一名普通的读者，我读出了吴运铎人格的纯粹，他在战场上舍生忘死、为国铸剑，在和平年代夙夜在公、为党尽心。作为一名演员，我读出了他内心的火热，无论条件多么艰苦，无论时代怎样变化，都坚持奋发学习，锻炼本领，为党和人民的事业作出一个又一个贡献。他生动地诠释了'革命人永远是年轻'。我读出了他信仰的坚定，他的一生真正做到了把一切献给党。《把一切献给党》作为红色经典永不褪色，永远激励我们将心中的火炬照得更亮、擎得更高。"

这样的红色地标，这样的红色经典，在开幕式上依次出现。王刚感慨地说："这是一堂生动的党史课，这一课太有必要了。这是一条线，我们很清楚，这条线从来没断过。"

阅读时代经典，在辽版图书阅读中增强文化自信

拉开本届读书节开幕式大幕的，是一首别具一格的说唱：

"辽宁，一片不平凡的土地。辽河，一条文明的珍珠串起。《北风那个吹》，《雪花那个飘》，《沸腾的群山》合颂着千年传奇。《红山文化

考古记》，把中国历史往前提，《玉出红山》治玉成器，《重现女神》筑坛设祭，'更老的老家'是这里，孕育了中华古老文化'直根系'。

时针拨到一九二一，新纪元从此开启。开天辟地风展红旗，红透了这片《中国地》。《中国共产党在辽宁》把支部早建立，打响抗战第一枪御寇敌，《国歌的诞生》在这里，英雄史诗可歌可泣。新中国成立改天换地，共和国长子最给力，建功立业争'第一'，《壮丽画卷》书写豪气，改革春风吹满地，《辽河渡》翻天覆地，《天辽地宁十四城》，青春洋溢有朝气。顶天立地新时代，振兴步伐铿锵有力，《辽海春深》深几许，《雄风北来》吹《战旗》，《中国机器人》走向世界，《锻造"中国芯"》是咱硬核实力。最美一抹《战国红》，染出山乡巨变奇迹，摩拳擦掌《大工匠》，把《大国重器》高高托起。《闯关东》的豪横刻在基因里，《雷锋》的精神代代传下去，《往事如铁》凝成《红色记忆》，《辽河儿女的丰碑》永远在心中矗立。从红山到红旗，奋斗《火种》生生不息，惊艳的明天由你我执笔。"

由本报记者史冬柏作词的这首名为《从红山到红旗》的歌曲，巧妙地将辽宁的历史串联在众多书写辽宁的图书里。这些书既有长篇小说、电视剧本、报告文学，又有历史和考古专著，总合在一起，就是一部反映辽宁百年奋斗史的大书，对这些书籍的推荐正是本届读书节的主题"读百年党史 促辽宁振兴"立意所在——在建党百年之际，从阅读中汲取百年奋斗史给予的精神力量，奋进辽宁全面振兴、全方位振兴的新征程。

打造辽版精品图书，催化优质阅读内容供给新成果，是辽宁省全民读书节的重要内容。在今年读书节期间，《马克思主义经典文献传播通考》《火种——辽宁各地第一个基层党组织建立始末》《战旗》《天晓——1921》等一批有广泛影响力的理论力作及重大历史和现实主义题材文学作品，都将召开新书发布会、作品研讨会、作家创作分享会。

特别值得一提的是本届读书节主题图书《世纪芳华·辽宁颂》，由省内70位作家联袂创作完成，同样旨在讴歌辽宁在革命、建设、改革伟大进程中的家国情怀与奋斗精神，增强文化自信。省作家协会党组书记、主席滕贞甫在开幕式上这样向观众推荐："新时代，辽宁作家以为时代画像、为时代立传、为时代明德为己任，深入生活、扎根人民，书写了大量反映辽宁全面振兴、全方位振兴的精品力作，反映了辽宁发展的生动实践。这本书是向党百年华诞献礼之作，也是辽宁作家记录时代、讴歌家乡的真情之作，更是一部文字优美、风格多样的精品力作，值得一读。"

"爱辽宁读辽版"是本届读书节的一项倡议，也是辽宁省全民读书节一直以来坚持的特色，从辽版图书中读党史，更从辽版图书中读辽宁、爱辽宁。

创新传播形式，用辽宁人物激发读者共鸣

4月23日18时正式开始的省第十届全民读书节开幕式，首次采用网络、电视、广播全媒体同步直播形式，快手、抖音、北国新闻客户端、北斗融媒、新华社现场云、人民网辽宁频道、央视频等十余家网络平台同步直播，辽宁各级各类新媒体、融媒体同频共振。两个半小时的直播，观看用户数量就已突破700万人次，截至次日12时，开幕式的全网观看量超过1000

万人次，有关新媒体产品全网总浏览量突破1亿人次，继辽宁省第九届全民读书节首次采用网络直播形式获得40万人次观看量后，数据大幅攀升，再创新高。

成绩如此亮眼，原因何在？除了内容丰富、组织得当，活动形式与表现方式上的创新也值得分析。

本届读书节，特别设计了"打卡红色地图""诗词中的辽宁""美文中的辽宁""封面中的辽宁"几大项主题活动。这些活动本身就充满了趣味性，再加上开幕式上主持人引领观众围绕这些内容展开的互动活动，特别是几轮有奖答题，有趣又很容易引发辽宁观众的自豪感："被誉为'歼-15之父'的是哪一位辽宁人？""被誉为'神州第一路'的是哪条公路？""嫦娥五号所用的月球挖土神器的钻杆及其结构件，来自哪个省份？""研制出万米下潜'海斗一号'的中国科学院自动化研究所位于辽宁哪个城市？"这些问答题让观众很有参与热情。

文化名家与知名作家的参与，让开幕式既有趣又"有料"，他们分别以"寻书人""领读人""解读人"的身份出现在现场和视频连线当中。著名作家、"人民艺术家"国家荣誉称号获得者王蒙，著名学者、作家王充闾，知名作家双雪涛、皮皮，国内知名读书推广人樊登在线分享读书心得，并向网友推荐图书。"时代楷模"、大连海事大学教授曲建武携大学生代表，围绕青年阅读话题与主持人现场对话。人们熟悉的两位辽宁籍网红也出现在了现场连线环节，2020年最火的脱口秀演员李雪琴畅谈自己的阅读心得，因为一副好嗓子而拥有百万粉丝的养鸡农民"守山大叔"深情诵读《沁园春·长沙》，掀起了一波观看高潮。

为本届读书节量身打造的几个音乐和朗诵作品，起到了较好的烘托作用。经典作品诗歌诵读，是读书节的题中应有之义，直播开始前，多位朗诵爱好者的经典诵读，让书香飘荡。大连海洋大学学生的外景诵读《你的名字叫辽宁》，震撼有力，充满青春朝气。开幕式开场和收尾的两首说唱歌曲《从红山到红旗》《少年》，用流行的网言网语，展现辽宁文化底蕴、红色底色、书香气韵，更是瞬间即成网络爆款。

这是一篇"常规"报道，甚至大多数情况下，一般的记者可能会把一项重大活动的综述写成"工作稿"，虽然不能说不妥，但可能也只限于中规中矩，谈不上多么打动人。这篇作品则把"常规"报道写出了个性色彩，在讲故事上下了很多心思，善于用心经营语言文字，不落"俗套"，用灵活多样的写作技法来组织材料、交代事实、突出亮点、表现主旨。活泼的文风、传神的描写、生动的趣味性、浓厚的故事性，增强了作品的可读性，这就是笔力酣畅的体现。

脚力、眼力、脑力、笔力是一个有机整体，尽管各有侧重，但相互关联、彼此支撑、融会贯通，只有"四力"齐头并进，才能生产出有思想、有温度、有品质的精品力作。

第四章

正本清源：在澄清谬误廓清迷雾中唱响主旋律

真理越辩越明。在我们捍卫一种立场、一种观点的时候，必然会伴生一些杂音，这是相辅相成的现象，不足为奇。对于我们的研究来说，既然要论证坚持党性原则的必然性、必要性，也就是真理性，那么就自然而然地要直面关于歪曲、否定党性原则的论调，并与之展开论战，旗帜鲜明、理直气壮地驳斥这些论调的谬误所在。从某种意义上讲，我们前面都是从正面来证明我们所坚持的原则和观点的正确性，现在则有必要从反面来证明其真理性，亦即反证。

在理论辩驳方面，我们还是要向马克思学习。众所周知，一部马克思主义发展史，在一定意义上说也是一部马克思主义批判史，因为正是在持续分析批判各类错误社会思潮的过程中，马克思主义得以不断发展和壮大，最终成为无产阶级的科学理论武器和指导思想。马克思、恩格斯坚持有破有立、破立结合，一方面，他们从所处的社会背景出发，紧密结合实际，有的放矢地反驳错误社会思潮的主要观点，旗帜鲜明地指出其根本症结及实质所在；另一方面，他们没有停留于分析批判，不是只"破坏"，而是系统化地进行理论建构，体现了积极主动的建设性。比如，马克思、恩格斯在《德意志意识形态》中对青年黑格尔派进行了犀利批判，在第一卷第一章前言部分，他们用嘲讽的语言揭示了青年黑格尔派所谓的斗争实际上是同"观念、思想、概念"等"意识的这些幻想进行斗争"，其进行的哲学批判的实质是："谈到的全部问题终究是在一定的哲学体系即黑格尔体系的基地上产生的。"[1]与此同时，他们旗帜鲜明地表明自己的立场，

---

① 《马克思恩格斯全集》第三卷，人民出版社1960年版，第21页。

那就是就必须站在德国以外的立场上来考察。在此基础上，马克思、恩格斯进而分析批判了费尔巴哈、鲍威尔和施蒂纳的唯心主义历史观，批判了"真正的社会主义"或"德国社会主义"所代表的各式各样的哲学观点，比较了两种对立的历史观，"这种历史观和唯心主义历史观不同，它不是在每个时代中寻找某种范畴，而是始终站在现实历史的基础上，不是从观念出发来解释实践，而是从物质实践出发来解释观念的形成……"[1]从而第一次系统地阐述了唯物主义历史观的基本原理。

　　对于我们的研究来说，应该从马克思那里学到什么？就是不仅要有批判错误观点的勇气，而且要有批驳的工具，要有学理支撑，而不是简单地说谁对谁错。一段时间以来，不仅我们的社会上存在一些颇有市场的模糊认识，而且更为具有危害性的是，有的人宣扬西方新闻观，从学术层面为其鼓吹，诸如标榜西方媒体是"社会公器""第四权力""无冕之王"，大肆渲染抽象的绝对的"新闻自由"。之所以说这类现象更具危害性，是因为他们是有意识的体系化"说理"，是从概念基础层面进行的"建筑"，层层筑台、环环相扣，一旦推出便具有貌似逻辑自洽的面貌，很容易混淆视听，不易攻破。对此，我们必须提高马克思主义理论的看家本领，善于用学术讲政治，善于用概念讲问题，善于用逻辑讲是非，善于用事实讲道理，真正实现釜底抽薪的批驳，从而真正认清：任何新闻舆论都有鲜明的意识形态属性，没有什么抽象的绝对的自由。西方媒体在垄断财团和资本势力的支配下，所谓的"不党不私""客观中立""社会公器"

---

[1]《马克思恩格斯全集》第三卷，人民出版社1960年版，第43页。

不过是"美丽谎言"。

第一节　回应社会舆论中的常见误区

不可否认，即使在国内，在我们的社会上，也不时流行着某种关于新闻舆论工作的错误认识，且往往与某些时事相勾连，借事造势、发酵，一时间很有市场。对于这类常见误区，我们需要认真对待，从理论层面给予有力的辨析。同时，也不必过度担心，因为我们的研究发现，这类错误观点之所以时有泛起，并不一定具有坚实的理论根基，而在一定程度上也与我们当前新闻舆论工作的客观能力水平和效果有关联。比如"正面宣传没人看"就是典型一例，如果我们在新闻宣传工作的质量上下更大功夫，使得我们的新闻产品像优秀文艺作品那样既叫好又叫座，那么这种认识误区恐怕更容易不攻自破。因此，我们的辨析既要眼睛向外，精准批驳认识误区和错误观点的"靶心"，同时也要眼睛向内，看到自身需要提高的地方，不断改进自身工作。

一、"新闻舆论不该有意识形态属性？"

"意识形态"这个概念，社会上甚至学术界有的人曾经不太愿意正视它，甚至刻意回避它。"意识形态淡化论""去意识形态化""非意识形态化"等论调一度流行，导致马克思主义在有的领域被边缘化、空泛化、标签化，这种现象曾在不同程度上存在。那么，为什么会出现这种现象？究其实质，就是与误解、曲解意识形态有关。

比如，有的人把口号等同于意识形态，加上个别部门及其工作人员没有适应时代发展要求、遵循宣传工作规律，停留于形而上学的思维方式，机械化、片面化、教条化理解和运用意识形态理论，宣传方式不能跟上时代步伐，导致宣传效果大打折扣，一定程度上加重了人们对意识形态的误解。我们现在已经清醒地认识到，口号性的东西，特别是机械地喊口号、生硬地呼口号，其实并不叫意识形态。我们所研究的真正的意识形态，归根结底是社会成员愿意认可和乐于接受的，内化于心、外化于心的观念。

再如，就一个政党或政体而言，有的人认为只有马克思主义政党或社会主义国家实行的政体，才讲意识形态，他们甚至一厢情愿地认为，美国等西方国家政体中没有意识形态。这是错误认识的一个典型代表。其实，近现代的政党和政体，没有意识形态是不可想象的，也是不可能的。罗杰·希尔斯曼在他的《美国是如何治理的》一书中，就对作为意识形态的民主给予了明确的阐释。可以说，美国政体中的意识形态的特征是十分明显的，它的制度、体制、纲领等，既对意识形态的性质作出了规定，而且本身也是意识形态的产物。同时，美国的政体中，各个政党还持有不同的意识形态，最为典型的就是民主党代表的自由主义与共和党代表的保守主义。马克思、恩格斯曾强调，"统治阶级的思想在每一时代都是占统治地位的思想。这就是说，一个阶级是社会上占统治地位的物质力量，同时也是社会上占统治地位的精神力量。支配着物质生产资料的阶级，同时也支配着精神生产资料"。[①]相应地，占统治地位的主流意识形态，是统治阶级

①《马克思恩格斯全集》第三卷，人民出版社1960年版，第52页。

的、维护既有社会秩序的意识形态。对此，各个国家和政体并没有例外。正如有学者研究指出的那样，一定的政治共同体的意识形态，实质上就是以它的统治思想为核心的精神形式；如果一个政治共同体执政时，它就是正在实现的以统治思想为核心的精神形式，如果在野时，就是要力争实现的这种精神形式。就是在政治共同体内部，没有意识形态，也难以维系其成员的政治关系，难以在基本一致的思想意志上达到团结同志、教育同志、打击敌人的目的。一个政治共同体努力地发展哲学、经济学、政治学、社会学、文艺学、文化艺术等精神形式，不仅在于发展它们自身，而且在于贯彻或在发展中贯彻执行其意识形态中的核心思想，从而发挥意识形态及其诸种精神形式的作用。

那么，要澄清新闻舆论该不该有意识形态属性这个问题，就要从基础理论层面把握好几个关键概念。

首先，上层建筑。上层建筑是与经济基础相对应的历史唯物主义的范畴，指建立在一定经济基础之上的政治法律制度、组织、设施和社会意识形态。马克思形象地把社会结构比作一座大厦，把生产关系即经济结构看作这座大厦的经济基础，相应地将社会的政治结构和思想文化结构看作大厦的上层建筑。上层建筑这一范畴是在马克思和恩格斯创立唯物史观的过程中逐步形成的。在《德意志意识形态》中，马克思和恩格斯第一次正式使用上层建筑的概念：市民社会这一名称始终标志着直接从生产和交往中发展起来的社会组织，这种社会组织在一切时代都构成国家的基础以及任何其他的观念的上层建筑的基础。在《路易·波拿巴的雾月十八日》中，马克思再次使用了上层建筑这个概念：在不同的财产形式上，在社会生存条件上，耸立着由各种不同的，表现独特的情感、幻想、思想方式和人生观构成的整个上层建筑。整个阶级在它的物质条件和相应的社会关系的基础上创造和构成这一切。这里主要是指观念上层建筑。在《〈政治经济学批判〉序言》中，马克思对经济基础和上层建筑这一对范畴同时做出了明确表述："人们在自己生活的社会生产中发生一定的、必然的、不以他们的意志为转移的关系，即同他们的物质生产力的一定发展阶段相适合的生产关系。这些生产关系的总和构成社会的经济结构，即有法律的和政治的上层建筑竖立其上并有一定的社会意识形式与之相适应的现实基础。"[1]

上层建筑是一个庞大而复杂的系统，包括政治上层建筑和观念上层建筑（或称思想上层建筑）。政治上层建筑是人们在一定经济基础上建立的政治、法律制度以及军队、警察、法庭、监狱、国家机构、政党等国家机器和政治组织。政治上层建筑是统治阶级利益的反映，属于思想的社会关系，它是根据经济基础的要求通过人们的意识而形成的。观念上层建筑是同经济基础相适应的社会意识形态，包括政治法律思想、道德、艺术、宗教、哲学等。某种社会意识是否属于社会的上层建筑，要看其是否反映特定的经济基础的要求。特定的政治上层建筑和观念上层建筑相互联系、相互制约，构成统一的整体。观念上层建筑为政治上层建筑提供思想理论根据，政治上层建筑为观念上层建筑的传播和实施提供重要保证。政治上层建筑作为思想的"物质附属物"是按照一定的思想体系建立的，它一经形

①《马克思恩格斯全集》第十三卷，人民出版社1998年版，第8页。

成又强烈地影响观念上层建筑，要求一定的观念上层建筑与它相适应。观念上层建筑必须为政治上层建筑服务。二者都是由经济基础决定的，都反映了统治阶级的利益，具有阶级性。国家政权是上层建筑的核心，它决定着整个上层建筑的性质。

上层建筑与经济基础是对立统一的关系。一方面，上层建筑是由经济基础决定的。上层建筑是经济基础的反映。上层建筑的产生是经济基础的客观要求，经济上占统治地位的阶级必然会建立以国家政权为核心的政治上层建筑并发展本阶级的意识形态，以服务于经济基础，维护本阶级的利益。上层建筑的性质是由经济基础的性质决定的。上层建筑的变革是由经济基础的变化引起的。随着经济基础的变更，全部庞大的上层建筑也或慢或快地发生变革。另一方面，上层建筑一经产生，就具有相对独立性，并能动地反作用于经济基础。恩格斯指出，经济状况是基础，但是对历史斗争的进程发生影响并且在许多情况下主要是决定着这一斗争的形式的，还有上层建筑的各种因素：阶级斗争的各种政治形式及其成果——由胜利了的阶级在获胜以后确立的宪法等，各种法的形式以及所有这些实际斗争在参加者头脑中的反映，政治的、法律的和哲学的理论，宗教的观点以及它们向教义体系的进一步发展。……经济的前提和条件归根结底是决定性的。但是政治等等的前提和条件，甚至那些萦回于人们头脑中的传统，也起着一定的作用，虽然不是决定性的作用。上层建筑和它的经济基础之间存在着适应或不适应的情况，其反作用表现为促进作用和阻碍作用两种不同的情形。上层建筑对社会发展作用的性质取决于它所服务的经济基础的性质。上层建筑与经济基础之间是在经济基础归根结底起决定作用的基础上相互作用的，相互作用构成了矛盾运动。上层建筑一定要适应经济基础状况是社会发展的一条基本规律。

上层建筑与经济基础是马克思和恩格斯为了揭示人类社会的本质和发展规律而提出的重要范畴，对于我们把握社会主义社会的本质和发展规律具有重要的现实意义。

其次，社会意识形态。社会意识形态亦称"意识形态"或"观念形态"，是系统地、自觉地反映一定社会的经济基础和政治制度的思想体系，是全部社会精神生活及其过程的总概括。社会意识形态是上层建筑的重要组成部分，包括占统治地位的政治思想、法律思想、道德、文学、艺术、宗教、哲学和大部分的社会科学等。意识形态英文源自希腊文idea（"思想""观念"）和logos（"理论""理性"），意为观念论或观念的科学。在马克思和恩格斯的著作中，意识形态一词最早出现于《神圣家族》，而具体阐述则是在《德意志意识形态》中。马克思指出，意识形态是阶级社会的特有现象，对抗性的生产关系导致"在全部意识形态中人们和他们的关系就像在照相机中一样是倒立成像的"[①]。他还指出统治阶级利用意识形态，一方面粉饰统治，一方面将其作为统治的手段。"国家作为第一个支配人的意识形态力量出现在我们面前"，"但是，国家一旦成了对社会来说是独立的力量，马上就产生了另外的意识形态"。"更高的即更远离物质经济基础的意识形态，采取了哲学和宗教的形式"，[②]"但是，

①《马克思恩格斯选集》第一卷，人民出版社1995年版，第73页。
②《马克思恩格斯选集》第四卷，人民出版社1995年版，第253页。

任何意识形态一经产生，就同现有的观念材料相结合而发展起来，并对这些材料作进一步的加工；不然，它就不是意识形态了，就是说，它就不是把思想当作独立地发展的、仅仅服从自身规律的独立存在的东西来对待了"①。但是，马克思除在贬义上使用意识形态概念外，主要用历史唯物主义观点、方法研究和阐明了社会意识和意识形态的内涵和各种意识形式，把它作为与经济形态相对应的一个历史唯物主义重要范畴。1859年，马克思在《〈政治经济学批判〉序言》中论述了历史唯物主义关于意识形态与经济基础的辩证关系。他认为意识形态是生产关系总和构成的经济基础和政治制度的反映，同时又反作用于该经济基础和政治制度。意识形态总括着社会科学的、法律的、政治的、宗教的、艺术的、哲学的等意识形式。在列宁的著作中，"意识形态"一词具有较宽泛的含义，它既指实践意识，也指一般思想体系。他还提出了"科学的意识形态"（或译"科学的思想体系"）、"社会主义意识形态"等概念。在马克思主义理论体系中，意识形态性与科学性是统一的，就是说，马克思主义既是科学真理，又是无产阶级的意识形态。第二次世界大战后，"意识形态理论"在西方很兴盛。现代西方哲学中的意识形态概念，大多迎合实证主义的主张。意识形态概念被规定为与科学、真理相区别的属于价值领域的精神。他们认为马克思主义不是科学，而是意识形态，以此来否定马克思主义的科学性。

社会意识形态是人类社会发展到一定阶段的产物。一定的社会意识形态是一定的社会存在的反映，并伴随着社会存在的变化而或迟或早地发生

---

① 《马克思恩格斯选集》第四卷，人民出版社1995年版，第254页。

变化。同时社会意识形态又具有相对独立性，并对社会发展有巨大的能动作用；它们反映和反作用于社会经济基础，各有其独特的形式和特殊的规律，具有历史继承性。但意识形态的发展与经济基础的发展，并非任何时候都是一致的、平衡的，有时经济上比较落后的国家在思想意识形态领域会超过经济上比较发达的国家。

社会意识形态是阶级社会所特有的现象，在阶级社会中，社会意识形态具有鲜明的阶级性，其存在及其变化取决于阶级存在，它将随着阶级社会的消亡而消亡。不同阶级的意识形态，代表了不同阶级的利益，反映了不同阶级的愿望和要求，为特定阶级或社会集团的政治统治服务，历史上有地主阶级的意识形态、资产阶级的意识形态和工人阶级的意识形态等。在阶级社会里，不同意识形态之间充满着尖锐的斗争，这种斗争是社会阶级斗争的反映。在社会主义阶段，意识形态领域的斗争同样是客观存在的。在中国，我们的主流意识形态是马克思主义，是中国化马克思主义，坚持四项基本原则，反对资产阶级自由化，是意识形态领域长期的任务。

通过基本理论常识的厘清，我们可以更加坚定地得出结论：意识形态渗透于现实世界的每一个层次与领域，从广义上讲，任何人、任何社会、任何国家、任何民族都不可能超越于意识形态之外。由此，新闻舆论工作的问题，关键不在于该不该有意识形态，而在于该有什么样的意识形态。对此，马克思主义意识形态理论认为，一方面，意识形态不是"纯粹"的思想观念和精神现象，它一定具有阶级性。另一方面，与资产阶级意识形态属性绝对囿于自身不能自拔相区别，马克思主义意识形态在理论品格上实现了阶级性与人类性的统一。马克思早在17岁中学毕业时，就在《青年在选择职业时的考虑》一文中写道："如果我们选择了最能为人类谋福利的职业，那么重担就不能把我们压倒，因为这是为大家做出的牺牲；那时我们所享受的就不是可怜的、有限的、自私的乐趣，我们的幸福将属于千百万人，我们的事业将悄然无声地存在下去，但是它会永远发挥作用，而面对我们的骨灰，高尚的人们将洒下热泪。"①可见，马克思是站在全人类解放的高度来看待无产阶级的解放的，解放无产阶级并不是其全部目的，无产阶级是承担解放全人类历史使命的现实力量，是在革命理论指导下实现人类解放的物质武器。

任何新闻舆论都有鲜明的意识形态属性。新闻舆论同政治、法律、道德、宗教、艺术、哲学等一样，都是重要的社会意识形态，新闻事业属于上层建筑。在这个问题上，我们应擦亮眼睛，千万不要被一些迷雾所迷惑。比如，充分利用媒体塑造意识形态神话，进行意识形态渗透，就是以美国为首的发达资本主义国家巩固阶级统治的鲜明特点，而直到今天我们仍有人天真地以为西方资本主义新闻观没有新闻舆论意识形态属性的内涵。至此，我们可以得出结论：新闻舆论的意识形态属性是客观存在的，马克思主义新闻观公开承认新闻舆论的意识形态属性，因此必然强调新闻舆论工作的党性，把报刊等媒体视为工人阶级的战斗武器，把新闻事业视为党的事业的一部分，主张用新闻舆论争取民心、鼓舞士气、凝聚力量。党的百年历史也已经展示给我们：重视党的新闻舆论工作，是我们党的优

---

① 《马克思恩格斯全集》第40卷，人民出版社1982年版，第7页。

良传统，是我们不断取得胜利的一个重要法宝。

二、"替党讲话，还是替老百姓讲话？"

2009年6月17日，中国之声《新闻纵横》节目播发了这样一期节目：宋先生是须水镇西岗村村民，2004年，郑州市政府将他们村的41.761亩土地划拨给了河南天荣置业有限公司建设经济适用房。在宋先生提供的郑州市城市规划局发放的建设用地规划许可证上，"建设内容"一项，也明确注明为"经济适用房"。但是几年过去了，开发商河南天荣置业公司却在这块土地上建起了12幢连体别墅和两幢楼中楼。宋先生已经向有关部门反映了这一情况，他说郑州市规划局态度冷淡。于是，记者在郑州市规划局信访接待日这天，拿着他们出具给宋先生的信访意见书，来到了规划局。在信访接待办公室门口的墙上，记者看到醒目的红色的牌子上写着，当天的值班领导是副局长李成祥，但是工作人员却说他一天都不在。几经波折，记者来到了主管信访工作的副局长逯军的办公室，将他们出具的信访处理意见书递了过去。一看到意见书上宋先生的名字，逯军就要求检查记者的采访设备，在拔掉了采访机话筒之后，他的第一句话居然是："你们广播电台管这闲事干什么？"当记者要求他对于他们出具的信访处理意见进行解释时，这位副局长却向记者问了这样一个问题，他说："你是准备替党说话，还是准备替老百姓说话？"

这个报道已经过去十多年了，但是，"是替党说话还是替百姓说话"这句雷言雷语却被深深烙在很多人的心里。直到今天，我们也不能说，这种思维在社会上没有市场。一直有人认为，党和人民的声音不能兼顾，

"替党讲话"和"替老百姓讲话"一定是对立的关系。从哲学上看，这种观点体现了典型的形而上学思维方式，非此即彼，孤立割裂，是一种不科学的、非理性的、落后的思维。其实，这个问题并不是什么难解的谜题，而是一个十足的伪问题。类似的伪问题还有诸如"党大还是法大""你是站在党的一边，还是站在群众一边"之类的命题。对此，我们在前面的论述中早已回答，那就是党性与人民性的统一。我们党是全心全意为人民服务的党，没有自身的特殊利益，与人民的根本利益完全统一，本就不存在到底替谁说话这种二选一的问题。弄清楚"我是谁、为了谁、依靠谁"，就不会在这个问题上有丝毫犹豫和动摇。把党性和人民性对立起来，替谁说话放大为一个尖锐的问题，在思想上是糊涂的，在理论上是错误的，在实践上是有害的。在这个问题上，我们在理论上已经阐释得十分清楚，下面仅以实例说明。

2018年，由党中央督办的秦岭北麓违建别墅专项整治引发全社会关注。那么，新闻舆论工作在这一整治中起到什么作用？它在"替百姓说话"的过程中，是恰恰有助于我们党刀刃向内、树立形象、巩固威信，还是制造了党和人民的对立？我们不妨来看一则报道。

秦岭"别墅之殇"何时休①

秦岭有"国家中央公园"和"陕西绿肺"之称，陕西省近年来也在不断加大对其的生态保护力度。但记者日前在采访中了解到，以风光旖旎著

①石志勇：《秦岭"别墅之殇"何时休》，《中国青年报》2012年6月11日，第6版。

称的秦岭南麓和北麓，一些别墅开发项目却罔视国家和地方有关禁令纷纷上马建设，这些项目不仅占用了当地宝贵的土地资源，还对秦岭生态环境造成影响，其禁而不绝的开发建设势头，让人担忧秦岭"别墅之殇"何时能休。

秦岭深处藏别墅

由于气候宜人且交通便利，秦岭北麓被称为西安"后花园"，近年来已经成为西安市民休闲、娱乐、旅游的重要去处。然而记者日前在秦岭北麓环山路看到，沿环山路一线分布着多个别墅项目，这些别墅项目有已经建成的，有的正在建设。大大小小、密密麻麻的别墅群"堆积"在秦岭北麓的山脚之下，显得与周围的环境很不协调。

记者在采访中发现，几个已经建成入住的别墅项目建成面积都较大，其中较大的"秦岭山水"小区内，据工作人员介绍，联排、独栋等别墅达2000多套，在秦岭脚下形成了规模宏大的建筑群。"高山流水"、"提香溪谷"、"秦岭山水"等几个已建成别墅区入住率都比较低，很多别墅处于未装修状态。一些别墅区工作人员介绍，很多别墅主人只在周末过来居住，平常别墅区内没什么人。

记者还发现有一些别墅区正在建设并发售，且价格不菲。在靠近秦岭祥峪口的高冠河畔，有一个名为"群贤别业"的别墅项目。据项目工作人员介绍，这个项目目前处于内部认购阶段，整个项目共有65栋独栋别墅，面积在560到800平方米之间，每平方米价格为4万元左右。在距离"群贤别业"不远处，还有一处名为"国岭"的别墅项目。据项目工作人员介绍，

"国岭"项目目前一期已售完，二期正在进行诚意登记。整个项目占地600亩，将分三到四期建设，预计将建设超过200栋别墅，目前每平方米均价在1.7万元左右。

商洛市柞水县营盘镇地处秦岭南麓，记者在营盘镇朱家湾村也发现了多个别墅项目正在建设。在营盘镇前往朱家湾村的十几公里山路两旁，分布着"安德鲁西亚"、"天筑"、"金宇山庄"等多个别墅项目。这些项目有的建成了半拉子工程，留下多座主体已完工的别墅"架子"处于停工状态；有的则正在铺开摊子建设开发，部分别墅主体已经完工，正在进行外立面装修。

"禁墅令"下的别墅竟证照齐全

在采访中，一些朱家湾村村民告诉记者，"安德鲁西亚"等几个项目最初都是以旅游开发的名义落户到朱家湾村的。但是在项目建设过程中，村民们发现这些项目不仅建起了别墅，还将这些别墅对外出售，搞起了房地产开发，这让村民们有被骗的感觉。

虽然国家近年来三令五申发布"禁墅令"，而记者在采访中了解到，秦岭地区出现的这些别墅项目大都"证照齐全"。以柞水县营盘镇出现的三个别墅项目为例，柞水县有关部门提供的资料显示，这三个项目都是招商引资项目，以旅游服务项目经县发改部门备案，并据此取得了项目开工所需的土地、规划等相关手续。

在秦岭北麓正在销售中的"群贤别业"别墅项目，据工作人员介绍，这个项目"四证"都有，就是预售证还没有办下来。而记者从西安市国土资源局长安分局了解到，"国岭"和"群贤别业"这两个项目都具有用地手续，属于"合法"项目。但对于记者关于国家早就禁止给别墅项目供地，这两个项目为何能取得用地的问询，西安市国土资源局长安分局却一直未予答复。

对于秦岭地区别墅项目大都"证照齐全"的问题，一位熟知内情的业内人士透露，这些别墅项目取得建设许可主要有三种情况：一是一些老的别墅项目在国家出台禁令之前就已经取得许可并开工建设，因而得以建成；二是一些项目采取变相开发的方式，以旅游开发的名义取得了建设许可，暗地里却行别墅建设之实；三是一些项目在当地政府的整顿过程中，由于已经或接近建成，因此被列入"保留项目"得以在完善手续后继续存在。

政府的道道禁令为何只留在纸上？

在秦岭地区一些别墅项目建设现场记者看到，这些项目不仅占地甚广，而且对当地的自然环境和景观影响较大，一些项目建设过程中出现了大片山体被人为开挖用于造景和盖房的现象。而对于出现在秦岭的众多别墅项目，周边的村民和群众普遍表示了气愤和反对。不少群众认为，秦岭土地资源十分宝贵，而这些别墅项目动辄占地数百亩，却只用于建设供少数人居住的别墅，是对土地资源的极大浪费。

朱家湾村二组一位村民说，由于山区地形限制，朱家湾村人均土地很少，他们组里人均只有7分多地。这些房地产开发项目来了后，许多原本用于种植小麦、苞谷、黄豆等作物的耕地都被征走了。

而据记者了解，为保护秦岭北麓的生态环境，早在2003年陕西省就对秦岭北麓的生态环境进行了专项整治，并禁止任何单位和个人在秦岭北麓从事房地产开发建设、修建商品住宅和私人别墅。2007年1月，陕西省政府又印发《陕西秦岭生态环境保护纲要》，其中明确规定禁止任何单位和个人在秦岭北麓区域内从事房地产开发、修建商品房和私人别墅。

虽然有当地政府的三令五申，但秦岭地区的别墅建设却为何依然禁而不绝？记者在采访中了解到，除了一些项目采取旅游度假等变相开发的名义蒙混过关之外，相关部门的默许甚至漠视是一些别墅项目得以大行其道的重要原因。

在商洛市柞水县，国土、建设、林业等部门负责人表示，对于营盘镇三个别墅项目的审批和监管，他们都按照旅游开发的名义予以了审批，从单个部门的审批行为来看并无违规之处。但记者发现，这些项目后来出现别墅开发的苗头，却没有政府部门出面予以监管和纠正，直到被媒体曝光后当地才采取措施予以调查和整顿。

而在位于柞水县营盘镇的"安德鲁西亚"项目现场，记者发现项目建设方工作人员租住在附近的陕西牛背梁国家级自然保护区北沟保护站内。保护站负责人表示，"安德鲁西亚"项目建设范围并不在保护站管辖范围内，而对于为何出租房屋给项目建设方，这位负责人却不愿给予回应。

西安建筑科技大学教授吕仁义认为，秦岭是西安乃至整个陕西省的生态屏障，而在秦岭地区建设开发别墅，会使得人类活动过多的向秦岭地区延伸，从而干扰秦岭地区的地下水补给等生态系统，对区域生态环境造成负面影响，同时对秦岭地区的历史文化氛围和自然景观也有破坏作用。在秦岭地区进行房地产开发，是盲目追求利益的表现，同时也是有法不依、执法不严的结果，下一步应下决心坚决遏制秦岭房地产开发，确保秦岭地区生态环境得到切实保护。

我们知道，当时，前前后后连续几年内不同媒体纷纷曝光秦岭违建别墅破坏生态环境情况，后来引起高层关注。正是在看到新闻报道材料后，习近平总书记于2014年作出重要批示。2018年7月底，在党中央的直接推动下，一场雷厉风行的专项整治在这里展开，共清查出1194栋违建别墅，其中依法拆除1185栋，依法没收9栋，改造后用于公共事业。现在回过头来，我们看以上面所引报道为代表的系列报道，可以强烈地感受到，这类报道都是十足的"替百姓说话"的作品，因为它们都是心怀"国之大者"，出于对人民利益和国家事业负责而进行的深度报道，或者说是舆论监督。但这类报道绝没有站在与党对立的立场上去，因为党的利益就是人民利益，党的立场就是人民立场，哪里曝光及时、监督有力，改作风、巩固基础、凝聚人心就容易打开新局面；反之，如果只唱赞歌、回避问题，就难免助长实功虚做的风气，最终伤害的还是我们党的公信力。

关于舆论监督，我们在研究过程中需要注意到邓小平有个很重要的观点，就是他认为开展批评和自我批评是办好党报的三个条件之一。1950年4月，中共中央作出的《关于在报纸刊物上展开批评和自我批评的决定》指出，中央决定"在一切公开的场合，在人民群众中，特别是在报纸刊物上展开对于我们工作中一切错误和缺点的批评和自我批评"。这份决定，可以说是对毛泽东在中共七届二中全会上所提出的"两个务必",即"务必保持谦虚、谨慎、不骄、不躁的作风"和"务必保持艰苦奋斗的作风"的具体落实。1957年4月,在一次干部会议上,邓小平就相关问题指出:"我们党是执政的党,威信很高。我们大量的干部居于领导地位。在中国来说,谁有资格犯大错误?就是中国共产党。犯了错误影响也最大。因此,我们应该特别警惕。宪法上规定了党的领导,党要领导得好,就要不断地克服主观主义、官僚主义、宗派主义,就要受监督,就要扩大党和国家的民主生活,如果我们不受监督,不注意扩大党和国家的民主生活,就一定要脱离群众,犯大错误。因为我们如果关起门来办事,凭老资格,自以为这样就够了,对群众,对党外人士的意见不虚心去听,就很容易使自己闭塞起来,考虑问题产生片面性,这样非犯错误不可。"①他对做好新闻批评和舆论监督提出了许多具体要求。这些重要论述,对于我们今天把握好舆论监督的方向和作用仍具有十分重要的意义。

那么,"替百姓说话"为什么可以与"替党说话"形成高度协调一致?或者说二者没有实质性的对立,除了前述所讲的党性与人民性相统一之外,还有一个新闻舆论特别是舆论监督的运行机制机理的问题,那就是在我国,在依法治国框架下的舆论监督从根本上依靠党的领导。党的领导是舆论监督的核心力量,一方面,舆论监督本身具有工具性;另一方面,舆论监督还有深层的价值性,也就是监督为了谁、为什么的问题。只有坚持党的领导,才能使舆论监督真正反映人民意愿、满足人民诉求。因此,在

---

① 《邓小平文选》第一卷,人民出版社1994年版,第270页。

党的领导下的舆论监督，其运行机制机理也有效保证了"替百姓说话"的科学性、合理性、有效性。

三、"正面宣传没人看？"

马克思主义新闻观要求新闻宣传必须坚持团结稳定鼓劲、正面宣传为主的方针，因此，新闻舆论工作要准确、及时地反映党的路线、方针、政策，反映社会现实生活主流，动员和激励人民群众创造美好生活，增强人民群众为实现中华民族伟大复兴而奋斗的精神力量。正面宣传犹如空气和阳光，受益而不觉，失之则难存。对此，有的人错误地认为，主流媒体的正面宣传没人爱看、没人愿听，正面宣传过时了。对这个问题我们要辩证地分析。一方面，我们承认，从社会心理学角度看，负面新闻天然地比正面新闻更有"吸引力"，更容易迎合人们的好奇心理，更容易迎合市场，但我们同时也清醒地认识到，人们的好奇心、市场的自发趣味，并不等于天然合理性，从另一个角度讲，市场效益并不等于社会效益。我们要追求的是市场效益与社会效益的统一，甚至是社会效益主导市场效益，这就需要一种坚守的定力。另一方面，有的"正面宣传"之所以产生不尽如人意的效果，与它的手段方法有很大关系。有的宣传摆出居高临下的姿态，空洞说教多、深入浅出少，照搬照抄多、生动鲜活少，浅尝辄止多、深度挖掘少，语言生硬多、通俗易懂少，形式刻板多、活泼变化少，程式化套路化多、亲和力感染力少，千篇一律"唱高调"多、量体裁衣"唱小曲"少……凡此种种，都是所谓的"正面宣传"达不到理想效果的因素。因此，这就启示我们，既要坚持正面宣传为主，不断增强主流媒体的传播力、公信力、影响力，巩固党的执政地位和思想阵地，又要坚持守正创新，继承好的做法，探索新的方式，绝不能满足于做做样子、完成任务，而是要追求深入人心、凝聚人心。下面，我们同样通过优秀作品的实际效果，来证明正面宣传的实际效果。

一幢楼和一个县①

——追寻40年间桓仁主政者的工作轨迹

记者 丁宗皓 高 爽 张海浪

桓仁满族自治县人民政府办公楼，坐落在县城——桓仁镇中心。这幢建成于1945年的两层小楼，到了上世纪70年代，仍然是当时这个国家级贫困县里最高、最气派的楼房。改革开放40年，桓仁发生了翻天覆地的变化，在第十四届中国（深圳）文博会上，还入选了"2018中国最美县域"。在日益繁华的桓仁镇上，这幢73岁"高龄"的办公楼已显得又破又旧……

一位在桓仁投资的南方企业家说："现在很难看到这么旧的办公楼了。那天傍晚6点多，我和富晓明县长开完座谈会走出办公楼才注意到，这个县政府竟然没有围墙，政府办公楼完全和民居街区融为一体。办公楼前的空地上，一群大妈大姐正在跳广场舞，看到县长出来还招手致意。"他接着说了一句话："这幢楼就是营商环境。"

没有围墙的县政府，已然破旧的办公楼。记者对桓仁改革开放40年历

---

①丁宗皓、高爽、张海浪：《一幢楼和一个县——追寻40年间桓仁主政者的工作轨迹》，《辽宁日报》2018年12月17日，第1版。

史的探访就从这幢老楼开始。

第一届政府成立时，在楼上刻了"为人民服务"

12月10日，一场大雪过后，空气清冽。站在中心大街上，隔着府前广场向东看去，横跨不过六七十米的县政府办公楼在周围楼群的环抱中并不高大，却别有一种庄严感，正门上方的国旗、国徽以及楼体上"为人民服务"5个大字在阳光下格外耀眼。

1877年，桓仁设县，建县衙。1943年，日伪当局在坍塌的县衙原址西边不远处建起了这幢小楼，1945年建成。1947年桓仁解放后，这幢小楼就成了政府的办公楼，正门口那"为人民服务"5个大字，就是第一届县政府成立时刻下的。

作为文物，这楼有价值，可用作政府办公楼，却实在寒酸。

砖石结构的办公楼，一楼的外饰面是水泥砂浆，二楼是清水墙，用红、灰、黄三色涂料简单粉刷后，看上去还算美观，但掩不住老旧的气息，更透着当家人俭朴过日子的精打细算。走进办公楼，破败相已随处可见：墙面泛绿发霉，地面多处裂缝，外墙皮脱落处用手一摸，黏土和高粱秸混合而成的内墙皮碎屑落了一地。地板踩上去发软，起鼓处、塌陷处很多。

"能够做的改造，也只有换换门窗、地板，粉刷一下墙面。墙都酥了，一年前刚刷过的墙面，现在就返潮、起皮了。想在墙上挂个镜框，钉子都钉不住！"县政府办会计柳维凤把记者让进她的办公室，"别脱棉衣了，楼里冷，四处漏风。"

不光老旧，办公空间局促也是个问题。加上上世纪50年代楼东北侧接出来的一排平房，建筑面积总计不足4000平方米，虽有一些政府部门陆续迁出，仍不敷使用。县发改局的办公室就在接出来的平房里，房门高度都不一样，最矮的不到1.8米，高个子不小心都容易撞头。一位工作人员说："县政府办公楼是全县条件最差的了，下边哪个乡镇的条件都比我们好。"

除了这幢老楼，县委、县人大常委会、县政协的办公环境也都好不到哪里去。县委办公楼是上世纪60年代建的，县人大常委会的办公楼比它晚几年，县政协则是在两年前才入驻了一幢宽敞点的旧楼，此前几十年里，它一直在"县委后院，车库楼上"。

县委办公楼从正面看还可以，可绕到楼后身就露馅儿了，罩面的砂石绝大部分已经脱落，红砖都裸露出来了。整个楼里最大的会议室是常委会议室，不足50平方米，除了20多个扶手椅，屋中间还摆着高高的两摞塑料凳子。县委办的工作人员解释说："座位不够用，县里各个局和乡镇的负责人来开会，一进门先去拎个塑料凳，然后找空地坐，最多的时候，挤下过80多个人。"几年前，为了适应办公信息化的要求，县委在后楼改造出了一个视频会议室，面积大了一些，"可大部分会议还在这里开，大家拎塑料凳都习惯了。"

"'官不修衙'是古训，做起来也不难"

从1978年算起，桓仁历经13任县委书记、14任县长，为什么一直没有改善办公条件呢？

记者试图一一采访这些干部，但遗憾的是，其中有的同志已经离世，有的年事已高不方便，还有一些调到了外地联系不上。少数几位接受采访的同志，回顾起桓仁的变化感慨万千，对没建办公楼的事却都一笔带过，认为这是党的领导干部应该做的，"不值一提"。

1978年之后，改革开放的春风吹到桓仁，城乡面貌变了，县城里的供销社、百货商店也陆续建起了楼，政府办公楼已经不是全县最高、最气派的了。可那时的桓仁仍是国家级贫困县，经济总量在全省各县中垫底。给政府建新楼？县领导压根儿就没那份儿心思。

到了上世纪90年代中后期，情况好了些。县政协原主席黄柏栋1995年任副县长，直到2001年。他回忆说："那一任县委书记是史会云，他工作有魄力，争取到的各类项目资金加起来有几亿元。可当时用钱的地方太多了：连续7年的扶贫任务；新建水库的移民安置；农村和学校里的危房、险房改造；被连续两年的水灾冲垮的堤坝急需修建；大量困难家庭的住房需要改善。还有县城街路改造问题，都是土路，一下雨泥泞不堪……"

2004年，桓仁五女山山城成功列入世界文化遗产名录，桓仁干部群众士气大涨，有人提出了建办公楼的事。曾在县委办公室工作过的县委宣传部部长辛晓明，清楚地记得时任县委书记孙旭东的回应："把钱拿出来搞民生，老百姓乐意；搞项目，能增值。建办公楼，既不能增值，又让老百姓骂！不建！"

2006年至2015年，蒲信子先后做了5年的县长和5年的县委书记。那时的桓仁，拿出几千万元建办公楼不算太难，各级干部也都在议论。可蒲信子说："扶贫的任务还很艰巨，修路也到了紧要关头，还是先把老百姓的事办一办吧，多想想他们的难处。'官不修衙'是古训，做起来也不难，历任领导都是这么做的，我们也该如此。"

年年国庆前，用红漆刷一遍"为人民服务"

今年年底，田桓铁路将建成通车，桓仁由此有了直通省内中心城市的铁路，这件事，桓仁百姓期盼了多少年！加上此前建成的通灌铁路、丹通高速、桓永高速，制约桓仁发展的最大障碍——交通不便难题，终于在历届桓仁领导班子的接力奋斗下逐步得以解决。

发展难题一项一项破解，民生问题一件一件解决。县里干部虽然对办公条件仍有抱怨，但建新楼的声音却越来越弱了。

现任桓仁县委书记孟广华说："还有省级贫困村和贫困户没有脱贫销号，要用钱的地方很多，有限的资金要用在刀刃上，用在保民生、谋发展上。'一桌一椅就能为民办事'，这是桓仁党员干部的精神传承，现在，接力棒交到我们手里，我们要继承这个好传统。"

40年间，桓仁摘掉了贫困县的帽子，成了远近闻名的山水旅游地和生态经济县，经济总量跃升到全省中上水平。40年前，全县有各类企业121户，产值只有4000多万元；40年后，全县各类企业已经发展到2187户，产值达到164.3亿元，中医药健康食品、冰葡萄酒、康养旅游业等重点产业齐头并进，张裕、王朝、同仁堂、天士力等一批知名企业入驻桓仁。特别是交通和城市基础设施建设的持续改善，让越来越多的旅游者来到桓仁，休闲旅游产业突飞猛进，就连相对偏远乡镇的农户也都因为"农家乐"生意鼓了腰包。

2017年，桓仁地区生产总值从10年前的56.6亿元增加到120.25亿元；固定资产投资从10年前的16.06亿元增加到27.75亿元；城镇和农村居民的年人均收入分别从10年前的6960元、4506元增加到23594元、14554元。

40年过去了，桓仁发生了历史性巨变，但县政府老楼依旧，年复一年，修修补补。老楼的外饰面，每两三年会粉刷一次，楼内，只能哪儿破补哪儿。但是，每年国庆前夕，县里都安排给"为人民服务"5个大字仔仔细细刷一遍红色油漆。

刷过新漆的大字，又深沉，又抢眼。

这是2018年12月17日刊发在《辽宁日报》的一篇作品，是庆祝改革开放40周年的主题报道。曾经是国家级贫困县的辽宁桓仁，发展成为今天的中国最美县域，40年经历了沧桑巨变，成就巨大，而已经73岁的政府办公楼却始终未变。报道从这个独特的视角入手，将桓仁改革开放40年的成就与历任县委班子艰苦务实、励精图治、一张蓝图绘到底、一任接着一任干的精神联系起来，充分体现了新时期党员领导干部的使命担当。稿件和相关视频经辽宁日报客户端、微信公众号、微博等新媒体平台转发后，引发连锁反应。被人民网、中国共产党新闻网、凤凰网、中国网、中国新闻网、新浪、搜狐等门户网站以及今日头条、快资讯、一点资讯等手机客户端以及微博、微信和自媒体转载，共计65家，总计阅读量超过10万。各个平台上的留言区也都非常活跃，获得受众好评。既赞党的领导干部的良好形象，又赞记者深入基层、弘扬正气的扎实作风。可以说，这篇报道视角独特，视野开阔，语言精当，既有时空的纵深、宏观的思考，又有对中心工作的准确把握，更有始终身在新闻现场的细腻与温度，是难得的通讯佳作。这篇作品荣获第二十九届中国新闻奖二等奖，在传播效果上收获了广泛的赞誉，可以说是正面宣传有人看、人们愿意看、人们看得津津有味的一个明证。

"燃灯校长"送1600多名女孩出深山①

2020年高考落下帷幕。云南丽江华坪女子高级中学63岁的校长张桂梅，又顺利送走了一届毕业生。

这所大山里的免费女子高中，是当地的教育奇迹——它的历史很短，招收的大多是贫困、辍学或落榜的女学生，全校高考上线率、升学率却连年高达百分之百，本科上线率稳居丽江市前列。自2008年建校以来，已有1600多名大山里的女孩从这里考入大学。

不过，刚刚过去的这个学年，对张桂梅来说却异常艰难。

去年12月的一份诊断书上，医生密密麻麻地给她列出了骨瘤、血管瘤、肺气肿、小脑萎缩等17种疾病。她数次病危入院抢救，体重从130多斤掉到90斤，饱满的圆脸瘦成了干瘪的尖脸，甚至连从椅子上站起来都需要人搀扶……

即便如此，只要一出院，她总会第一时间出现在熟悉的校园。

---

① 庞明广、严勇：《"燃灯校长"送1600多名女孩出深山》，《新华每日电讯》2020年7月10日，第13版。

已经无力站上讲台上课的她，十几年来坚持着一项颇具仪式感的"日常工作"——每天5点15分，她都会准时从女生宿舍的铁架床上爬起，忍着全身的疼痛，乘坐宿管员的电摩托来到教学楼，颤巍巍地从一楼爬到四楼，把每一层楼道的电灯点亮。

"女孩子胆小，把灯提前打开，她们来晨读会感觉更安全、更踏实。"张桂梅如此解释自己的执拗坚守。

楼道里，她瘦弱的身影，犹如一盏明灯，照亮了一届又一届大山女孩们的追梦之路。

……（以下正文略）

这是《新华每日电讯》乃至新华社2020年最有传播力的人物报道之一，被赞"石头人看了也要流泪"。报道让更多人知道"燃灯校长"张桂梅帮1600多女生走出深山的故事，助其获"时代楷模""感动中国年度人物""最美教师"等荣誉。这是一个连续追踪13年的典型人物。13年中，记者多次报道她的事迹。高考前夕这篇最新报道，又挖出张桂梅"病危时要求预支丧葬费给学生用"等独家感人故事，并创造了"燃灯校长"这个称谓。社会效果好，助力张桂梅获评"时代楷模"等诸多荣誉。这篇报告文学作品，大幅提升了"燃灯校长"张桂梅的知名度，报道刊发后，她先后获评"全国优秀共产党员""时代楷模""最美教师"等荣誉称号；在全国脱贫攻坚表彰大会上，习近平总书记亲自为她颁"全国脱贫攻坚楷模"奖章。后续影响大，张桂梅所在高中得到帮扶。报道刊发后，人民出版社与《新华每日电讯》出版了《希望之光——时代楷模张桂梅的故事》，让"燃灯校长"的故事进一步传播；全国多家企业及个人与编辑部联系，踊跃向云南华坪女子高中捐款捐物。传播效果佳，成为感人肺腑的"刷屏之作"。稿件在《新华每日电讯》整版刊发后，在社会上引发强烈反响。稿件被140多家媒体采用，在新媒体端形成刷屏之效，人民日报、共青团中央等多个微信公号转发并均破10万，微信点赞量达10万，网友评论达数万条，全网阅读量超2000万。相关视频在抖音等短视频平台发布后，累计播放量超5000万。持续13年追踪报道，让这篇报告文学不仅有故事、有细节，更有情感，这样一篇正面宣传的优秀作品，形象立体，催人泪下，真实可感，以作品的优质内容取胜，从而在各大平台刷屏，为社会注入了强大正能量，起到了正面宣传成风化人的作用。

其实，关于正面宣传的问题，我们可以从另一个角度进行深入的理解和把握。1942年5月，中共中央宣传部在延安杨家岭召开文艺座谈会，出席的作家、艺术家及文艺工作者共80余人，会议由凯丰主持。在延安文艺座谈会上，毛泽东发表了《在延安文艺座谈会上的讲话》。其中，关于歌颂与暴露的辨析，对于我们今天把握正面宣传的意义与作用极富启发意义。比如以下引文①：

"从来的文艺作品都是写光明和黑暗并重，一半对一半。"这里包含着许多糊涂观念。文艺作品并不是从来都这样。许多小资产阶级作家并没

① 《毛泽东选集》第三卷，人民出版社1991年版，第871-873页。

有找到过光明，他们的作品就只是暴露黑暗，被称为"暴露文学"，还有简直是专门宣传悲观厌世的。相反地，苏联在社会主义建设时期的文学就是以写光明为主。他们也写工作中的缺点，也写反面的人物，但是这种描写只能成为整个光明的陪衬，并不是所谓"一半对一半"。反动时期的资产阶级文艺家把革命群众写成暴徒，把他们自己写成神圣，所谓光明和黑暗是颠倒的。只有真正革命的文艺家才能正确地解决歌颂和暴露的问题。一切危害人民群众的黑暗势力必须暴露之，一切人民群众的革命斗争必须歌颂之，这就是革命文艺家的基本任务。

"从来文艺的任务就在于暴露。"这种讲法和前一种一样，都是缺乏历史科学知识的见解。从来的文艺并不单在于暴露，前面已经讲过。对于革命的文艺家，暴露的对象，只能是侵略者、剥削者、压迫者及其在人民中所遗留的恶劣影响，而不能是人民大众。人民大众也是有缺点的，这些缺点应当用人民内部的批评和自我批评来克服，而进行这种批评和自我批评也是文艺的最重要任务之一。但这不应该说是什么"暴露人民"。对于人民，基本上是一个教育和提高他们的问题。除非是反革命文艺家，才有所谓人民是"天生愚蠢的"，革命群众是"专制暴徒"之类的描写。

"我是不歌功颂德的；歌颂光明者其作品未必伟大，刻画黑暗者其作品未必渺小。"你是资产阶级文艺家，你就不歌颂无产阶级而歌颂资产阶级；你是无产阶级文艺家，你就不歌颂资产阶级而歌颂无产阶级和劳动人民：二者必居其一。歌颂资产阶级光明者其作品未必伟大，刻画资产阶级黑暗者其作品未必渺小，歌颂无产阶级光明者其作品未必不伟大，刻画无产阶级所谓"黑暗"者其作品必定渺小，这难道不是文艺史上的事实吗？对于人民，这个人类世界历史的创造者，为什么不应该歌颂呢？无产阶级，共产党，新民主主义，社会主义，为什么不应该歌颂呢？也有这样的一种人，他们对于人民的事业并无热情，对于无产阶级及其先锋队的战斗和胜利，抱着冷眼旁观的态度，他们所感到兴趣而要不疲倦地歌颂的只有他自己，或者加上他所经营的小集团里的几个角色。这种小资产阶级的个人主义者，当然不愿意歌颂革命人民的功德，鼓舞革命人民的斗争勇气和胜利信心。这样的人不过是革命队伍中的蠹虫，革命人民实在不需要这样的"歌者"。

当然，我们说宣传思想工作坚持以正面为主，并不是对负面问题视而不见；我们说的正面宣传，也不是简单的"歌颂"。这里的关键在于，为何正面宣传如此重要？如何正确看待和正确引导？我们重温毛泽东同志关于文艺工作的相关讲话，对于更好地坚持正面宣传，引导群众形成正确认识、激浊扬清、弘扬正气，无疑具有十分重要的意义。

那么，为什么正面宣传可以叫好又叫座？如何让正面宣传有人看、愿意看？总体上讲，关键就在于把握好宣传的时度效。把握好"时"，因时而动、因势而动，找准时机、体现时效。把握好"度"，掌握分寸、掌握火候，强化力度、坚持精度。把握好"效"，讲求效果、注重实效，润物无声、成风化人。

第二节　拨开西方新闻观的重重迷雾

前面我们已经论述过，新闻舆论具有意识形态属性，具有党性，并不是特殊的社会现象，而是带有普遍性的社会现象。任何新闻生产与传播活动，都是内容与价值的统一、利益诉求与政治立场的统一。现实中，只存在某种特定党性的新闻舆论，不存在没有党性的新闻舆论。长期以来，有的人因为没有吃透我们党的新闻思想、新闻理论的精神实质、实践要求，没有清醒地认识西方新闻观的真正含义和背后用意，没有全面了解当今世界及各国新闻事业的现实发展状况，没有理性、客观地进行比较研究，在思想上出现了某些误区，如盲目崇拜西方所谓的"新闻自由"。

关于西方新闻观的实质，我们不妨看看一则报告。2021年12月6日，《人民日报》公开发表了《美国民主情况》，其中，"（二）民主实践乱象丛生"的"5.'言论自由'名不副实"内容如下：

在美国，媒体被称为与行政、立法、司法三权并立的"第四权力"，记者更是被誉为"无冕之王"。美国媒体虽然标榜独立于政治、为自由和真相服务，但早已服务于金钱和党派政治。

少数传媒集团垄断美国新闻业，成为一手遮天的政治力量。1996年美国颁布了《电信法》，要求联邦政府放松媒体所有权监管，由此掀起史无前例的兼并狂潮，对美国媒体的多样性和独立性造成毁灭性打击。随着美国媒体数量锐减，少数几家公司不断做大，形成垄断巨头。今天的美国，少数几家企业控制90%以上的媒体，年收益甚至超过某些发展中国家的经济总量。这些媒体"巨无霸"一边大肆扩张商业版图，一边将触手伸向美国政坛，通过游说公关和竞选献金左右政治进程。

被垄断的美国媒体成为公民政治权利的"隐形杀手"。美国传播政治经济学派代表人物、伊利诺伊大学香槟分校教授罗伯特·麦克切斯尼在《富媒体穷民主》一书中指出，出于追逐利润的本性，媒体公司将民众封锁在娱乐节目的世界中，使民众失去获取多元化信息的渠道、关心公共问题的兴趣以及明辨是非的能力，在社会政策制定过程中逐渐失声。民主政治文化在媒体高度发达的美国社会变得极度萎缩，"政治疏离"导致民主成为一种"没有公民"的政治游戏。迈阿密《新先驱报》报道称，在精英和财团控制的媒体诱导下，民众已无法辨别哪些是事实真相，哪些是政治宣传。

美国媒体不再是民主的"守门员"。媒体行业的"左右之争"无形中加深了美国两党之间、精英与平民之间的隔阂与分歧，造成"左的更左"、"右的更右"，并导致极端思想和民粹主义在美国登堂入室。

韩国智库世宗研究所刊文指出，超过80%的美国保守派选民将《纽约时报》等主流媒体报道视为虚假消息，对媒体的信任呈偏向性。选民只听信特定媒体，无视国家层面沟通，大喊大叫、消极党争代替了冷静讨论和共识。牛津大学—路透社新闻研究所发布《2021全球数字新闻洞察报告》指出，在对46个国家的92000名新闻消费者调查后发现，美国民众对媒体的信任度排名垫底，受调查人群中仅有29%的民众信任媒体。

　　在传统媒体衰落的信息时代，社交媒体一跃成为公众"新宠"，但也免不了复制传统媒体被大资本和利益集团控制的老路。社交媒体公司为了赚取流量，利用算法为用户编织起"信息茧房"，对提供的极端内容不加管控，从而导致使用者日益自我固化，身份政治和民意撕裂更加严重。

　　2021年10月，前脸书公司员工豪根公布了数万份关于脸书公司内部运作的爆炸性文件。豪根向美国哥伦比亚广播公司透露，脸书公司为了保持用户黏度，不惜牺牲公众利益而攫取利润。脸书平台是社会极端分子的主要阵地，充斥着仇恨言论、虚假信息和错误信息，而只有3%至5%的仇恨以及约0.6%的暴力和煽动性言论得到管控。

　　可以说，西方新闻观是西方社会主流意识形态的重要组成部分，也是宣扬西方意识形态的主要工具，其本质上是为西方主流社会的政治、经济、文化统治服务的。

一、"独立媒体"不是真独立

　　"独立媒体"的理念是西方新闻观的核心理念之一，或者说西方新闻观长期标榜"媒体独立"，这是最具有迷惑性的一个提法。其迷惑性在于，考察西方资本主义社会，确实会发现政府并不一定直接办新闻媒体，但这里真正关键的问题不在于媒体是不是由政党、政府所办，而在于它是否真正摆脱了外在依附性。因为，无论是依附私人，还是依附资本，其性质都是依附性的，而不是真正独立性的。

　　德国知名作家、媒体人米夏埃尔·吕德斯撰写了一本德语著作《伪圣美国》，在这本书中，作者集中揭露了美国等西方国家的少数精英和利益集团如何通过媒体操控舆论的。吕德斯说，西方媒体多为私人所有，媒体集团的服务对象是权力和财富精英，通过影响选题策划、设置议题时机和构建报道框架来进行具有倾向性的报道。他介绍，美国媒体受到5种"过滤机制"制约，必须对事实进行选择和歪曲，为大众生产所谓的"共识"：第一，媒体拥有者的意志：多数媒体的拥有者为财团和投资人，在运作上必须考虑他们的意志。一家媒体的规模主要由投资者资金的规模所决定，更多的资金意味着能够购买更优、更齐全的传播设备和技术，并借此拥有更庞大的受众。具体到实操层面，财团与投资人指定或影响总编辑的人选，总编辑以下的主管、编辑、记者经层层筛选，在报道上主动贴合集团意志，不配合的人员将面临失业风险。第二，外界投资和广告收入：不少媒体的收入来源主要为广告而非受众的订阅费用，因此投资和广告客户也成为媒体内容的影响因素。第三，新闻来源：一些利益团体会帮助媒体降低获得新闻来源与进行新闻报道的成本，刻意窄化新闻来源。媒体报道一些不利于利益团体的新闻时，后者会切断消息来源。此外，记者采访的专家往往服务于一些财团资助的智库，这些专家为了生计从不偏离所谓"主流"观点。第四，吓阻媒体：一些利益集团可以通过书信、投诉、法律官司甚至是立法行动对媒体产生吓阻作用。这些措施对媒体伤害巨大，可能使其失去广告收入，或者为捍卫自身权益和形象而在法律与公关方面付出高昂代价。比如，美联社前社长汤姆柯里曾公开抱怨，美国国防部在全球打造了一个"媒体煽动网络"，这一网络中的舆论挤压了美联社的运作方式，让美联社无法坚守新闻原则。第五，极化判断：利益集团有意利用人的心理，将世界简单化、极端化，将复杂问题简化为"好人"和"坏人"的斗争。这种简单粗暴的舆论氛围左右了公众的判断力，使得媒体在报道时无法为"坏人"说好话，也无法说"好人"的坏话。

西方媒体到底独立不独立呢？我们不妨看看2022年2月17日《经济日报》刊发的一篇评论文章。

抹黑冬奥的虚假报道不得人心[①]

郭 言

纽约时报近日刊发文章，将涉疆谎言强行与北京冬奥会挂钩，煞有介事地讨论所谓"一场种族灭绝奥运会中的道德责任"。有关做法无视事实，违背《奥林匹克宪章》精神，也伤害了所有为北京冬奥会付出汗水和热情的人们。

新疆等少数民族聚居地区一直是中国人权进步和社会发展的典范。过去60多年，新疆经济总量增长了200多倍，人均生产总值增长了近40倍。今天的新疆社会稳定、经济繁荣、各族人民安居乐业，发展成就有目共睹，所谓"种族灭绝"更是无中生有的谎言。强行将涉疆谎言与冬奥会挂钩，是境外一些反华势力试图把体育政治化的丑陋行径。

北京冬奥会开幕至今，其高标准和高水平备受参赛运动员、国际奥委

---

① 郭言：《抹黑冬奥的虚假报道不得人心》，《经济日报》2022年2月17日，第3版。

会等方面称赞。但是，以纽约时报为代表的一些西方媒体在谎言基础上将北京冬奥会描绘成另一番模样：防疫举措不讲人权，收视率大幅下降，雪上项目大量使用"人造雪"破坏环境……

事实是怎样的呢？

冬奥会的防疫闭环获得各国人士普遍认可。国际奥委会主席巴赫表示，"在这个闭环里，我们觉得非常安全，感谢我们的东道主"。奥林匹克广播服务公司首席执行官伊阿尼斯·埃克萨科斯表示，北京冬奥会已经成为收视率最高的一届冬奥会。在德国、奥地利、挪威、瑞典等冬奥强国，赛事收视率成倍增长。

对冬奥会使用人造雪的攻击，更是显示出一些西方媒体的严重"双标"：人造雪第一次在冬奥会使用，就是1980年美国普莱西德湖冬奥会。此后的多届冬奥会都使用过人造雪，平昌冬奥会中，人造雪比例超过了90%。何以唯独北京冬奥会使用人造雪成了一些西方媒体笔下"破坏环境"的行为？要知道，冬奥会使用人造雪不仅是国际惯例、赛事专业所需，而且北京冬奥会的人造雪采用了全球最先进的高效节水设备和智能化造雪系统，造雪、维护、补雪保养的耗电100%由绿色电能供应。

在一些西方媒体的涉奥报道中，事实和真相早已不再重要，对中国的偏见主导着报道方向：北京冬奥会办得再好，但是因为中国是东道主，也必须说办得很差。

近日，美国自由式滑雪U型池运动员阿伦·布隆克参加新闻发布会的一段视频火了。他在发布会上说："关于北京冬奥会，中国在防疫方面做了非常优秀的工作。在美国，你会听到各种不负责任的报道，那些其实都是假的。所有人，从工作人员到核酸检测员，再到住宿条件，这是我们参加过的水平很高的冬奥会。"有国外网友这样评价阿伦·布隆克的表态："美国运动员比大多数美国媒体做了更准确和基于事实的诚实报道，讽刺的是，后者才是专业新闻媒体。"这一评价赢得了众多网友点赞。

谎言无法改变真相，也蒙蔽不了所有人。那些热衷攻击中国、抹黑北京冬奥会的西方媒体离公信力越来越远，终将被越来越多的受众所唾弃。

从这篇评论中我们可以读懂什么？一个重要结论就是，西方媒体并不是独立的。如果它是独立的，它的标准、准绳、尺度，就是新闻事实本身，就会站在客观的立场上进行忠于事实的报道，就不会歪曲事实、混淆是非。正因为它不是独立的，是直接受控于资本的力量，进而受控于西方政府的意识形态和战略意图，所以必然以主观取代客观，甚至违背新闻规律、新闻操守，罔顾事实，捏造事实，生产虚假新闻，进行价值误导。

对于西方媒体的非独立性，早有学者进行过梳理：从历史上看，西方国家的媒体大都经历过"政党报刊"时期。这一时期的媒体在经济和政治上对政党都有着很强的依附性。这时的媒体通常由政党出资兴办，属政党所有，其新闻政策及言论倾向由政党决定，并以政党利益作为选择新闻的标准。这种媒体是政党政治斗争的工具，要维护自己所依附的政党的利益、发表有利于该政党的言论。西方国家媒体进入"大众化报刊"时期后，先后出现了面向社会中下层的通俗小报。这一时期许多媒体开始脱离政党背景，但依然有不同程度的政党背景和政治倾向，会以各种形式和手段为特定的政党服务。在当代西方国家，大多数媒体在经济上是独立的，与政党和政府之间通常不存在隶属关系。但由于各种利益关系交织渗透，媒体与政党和政府间依然存在着各种联系。

在这个问题上，其实存在一种概念上的偷梁换柱。国内有些人所标榜的西方独立媒体，其实就是私人所有的媒体，但要害恰恰在于，他们属于私人，不属于政府，表面上貌似"独立"，其实只是部分"独立"于政府，并且完全依附于私人及其资本，并非真正的独立。办媒体是要花钱的，只有有钱人才可能办媒体，而要办大媒体，只有大资本家、大财团才有可能。于是，这样的媒体不可能独立于资本唯利是图的本性，不可能独立于老板的意志。众所周知，美国《华尔街日报》、福克斯广播公司，英国《泰晤士报》等属于默多克的新闻集团；美国苏兹伯格家族控制的纽约时报公司旗下有《纽约时报》和《国际先驱论坛报》，格雷厄姆家族长期掌握着《华盛顿邮报》，《洛杉矶时报》则长期被钱德勒家族控制；英国汤姆逊家族掌握着全球四大通讯社之一的路透社，英国《金融时报》《经济学人》杂志和拥有欧洲最大电视网络的培生电视集团同属于皮尔逊家族旗下，英国《卫报》则一直控制在斯科特家族手中；美国全国广播公司被通用电气收购，后者被摩根财团控制；等等。用今天网络流行的话语讲，西方媒体毕竟从属于他们背后的"金主"，在"金主"面前是没有资格也绝谈不上任何的独立性。列宁一针见血地指出，"在以金钱势力为基础的社会中"，"不可能有实际的和真正的'自由'"①。正如有研究者所精辟概括的那样：独立媒体可以独立于政府、独立于政党，却不可能独立于资本；可以"独立"地问责政客、指摘政党、批评政府，却绝对不会从根本上去质疑、批评、反对资本家老板和资本主义制度；媒体的归属权可以发生改变，但万变不离其宗，改变不了资本的绝对控制。

二、"第四权力"并非真有权

当所谓"独立媒体"逐渐成为西方新闻体制的核心原则时，媒体自身也被西方社会尊为"第四权力"，以"维护公众利益"为名义，表面上扮演监督与制衡的社会角色，其实，正如前面分析其依附性所指出的那样，由于政府成为媒体信息的主要来源，更由于媒体的老板是幕后真正的权力拥有者、行使者，因此，新闻媒体所谓的"第四权力"显得形式有余、内容不足，充其量不过是幕后老板的"提线木偶"。大量事实已经表明，以美国为代表的西方权贵惯用"看不见的手"操控舆论，如果非要说媒体有权力，那还不如说是它们背后的权贵有权力。对此，我们需要练就火眼金睛，透过现象看本质。

媒体一旦被资本所操控，所谓独立的权力就显得十分滑稽。比如，从20世纪80年代开始，美国最大的24家媒体均由一家或多家家族企业掌控，少数富豪精英控制主流媒体，其中家族纽带起着重要作用，这一格局延续至今。近年来，美国亿万富豪对收购报刊的兴趣更是激增，如2013年亚马逊创始人贝索斯收购《华盛顿邮报》，商界巨鳄巴菲特曾掌控数十家纸媒。

---

① 《列宁选集》第一卷，人民出版社2012年版，第666页。

《时代》周刊被云计算公司Salesforce创始人贝尼奥夫收购。资本收购纸媒当然不只为了赚点"卖报钱"，更不是为了什么公众利益，而是有着更深层和长远的战略意图：掌控了权威媒体，就可以操纵舆论、玩弄民意，创造于己有利的舆论环境。

我们可以通过近年发生在我国香港特别行政区的事情来加深认识和理解。一段时间以来，美英等少数西方国家政客打着"民主"的旗号，召开所谓"民主峰会"为反中乱港分子提供政治表演平台，明里暗里支持其煽惑抵制选举，对香港司法机关依法审理涉及香港国安法的案件横加指责。2021年12月27日，国务院港澳事务办公室发言人发表谈话表示，美西方一些政客和媒体执着于偏狭的意识形态，在香港问题上显现出明显的"认知障碍症"。发言人指出——

美西方一些政客和媒体想当然地宣称，英国为香港争得了民主，中国政府则要取消香港的民主。而事实是：且不论英国在殖民统治香港一个半世纪里没有给予香港民主，就以《中英联合声明》来说，也根本没有出现"民主"和"普选"的字眼，涉及香港选举问题的全部内容都只反映在中国政府单方面声明中。关于香港特别行政区行政长官和立法会全部议员最终达至普选产生的目标，是中国政府在制定香港基本法时，从国家和香港长远发展全局着眼主动作出的规定。所谓"双普选"是英国为香港争来的说法完全是子虚乌有！对于白纸黑字写明的史实，他们就不知道吗？

美西方一些政客和媒体想当然地宣称，香港的反中乱港分子是在争取民主，中国政府则对他们进行政治打压。而事实是：中国全国人大常委会早在2007年就作出决定，明确2017年香港第五任行政长官的选举可以实行由普选产生的办法，2014年又对此作出确认并明确了行政长官普选制度的若干核心要素，从而为香港特别行政区行政长官普选铺平了道路。恰恰是因为反中乱港分子极力阻挠而使行政长官普选目标不能如期实现，使香港民主发展一再遭受挫折。而且，这些反中乱港分子是打着"民主"幌子反民主，为达到其险恶的政治目的而干尽了违法犯罪甚至暴力恐怖的坏事。其受到惩罚是因为触犯了法律而被依法追究责任，跟什么"政治打压"扯不上任何关系。情况如此清楚，他们就看不明吗？

美西方一些政客和媒体想当然地宣称，香港国安法被滥用于限制香港的自由和人权，损害了香港国际金融中心地位。而事实是：香港国安法打击的是极少数严重危害国家安全的犯罪分子，保护的是绝大多数守法的人。迄今为止，香港因涉嫌违反国安法被拘捕的只有150多人。在安全的环境下，广大香港居民和在港国际人士的自由、人权得到了更好的保障。现在，香港发展重回正轨，社会秩序得以恢复，营商条件日益改善。香港金融市场保持平稳有序，银行体系存款持续上升，今年前11个月港股日均成交额同比增长34%。包括香港美国商会在内的外国商会纷纷表示对香港未来持乐观态度。信号如此强烈，他们就听不到吗？

美西方一些政客和媒体想当然地宣称，香港新选举制度是排除异己、搞"清一色"。而事实是：新选举制度排除的只是那些反中乱港分子。符合"爱国者治港"原则的香港居民都有机会参与。在刚刚结束的香港第七届立法会选举中，参选者的背景多元前所未有，既有商界和专业精英，又有基层劳工代表，既有土生土长的香港人，又有移民香港的内地、台湾和外国居民，既有经验丰富的"老资历"，又有充满活力的新人，而且最终获得提名确认的候选人来自不同政治团体、政治派别，代表不同的政治光谱，持有不同的政治理念和抱负，是真正的"五光十色"。是非如此分明，他们就辨不清吗？①

以上的一连串反问，答案不言自明。为什么西方一些媒体"不知道""看不明""听不到""辨不清"？究其根源，就在于它们丧失了独立性，而是献媚于政客的意图和资本的绑架。

关于西方媒体"第四权力"神话的破产，学术界已有一些深入的探讨，在这里，我们尝试从另一个角度进行分析，那就是资本的逻辑、资本的宰制，消解了媒体作为一种独立发挥作用的权力的存在。在《资本论》中，马克思引用邓宁的话说："资本害怕没有利润或利润太少，就像自然界害怕真空一样。一旦有适当的利润，资本就胆大起来。如果有10%的利润，它就保证到处被使用；有20%的利润，它就活跃起来；有50%的利润，它就铤而走险；为了100%的利润，它就敢践踏一切人间法律；有300%的利润，它就敢犯任何罪行，甚至冒绞首的危险。如果动乱和纷争能带来利

---

① 《国务院港澳办发言人：美西方一些政客和媒体的"认知障碍症"该治治了》，国务院港澳事务办公室，https://www.hmo.gov.cn/xwzx/xwfb/xwfb_child/202112/t20211227_23067.html，2021年12月27日。

润，它就会鼓励动乱和纷争。走私和贩卖奴隶就是明证。"①因此，在这个意义上，马克思才说，资本来到世间，从头到脚，每个毛孔都滴着血和肮脏的东西。那么，资本的逻辑是什么？资本的本性是追求价值增值，它的最大逻辑就是追求利润最大化。在西方社会，资本取得主宰地位，必然带来贪得无厌和贫富分化。对此，《21世纪资本论》的作者，法国学者皮凯蒂通过他的研究指出，收入越高，收入中资本性收益的比例就越大，最富有0.1%的人的收益中资本性收入占有绝对优势；随着资本主义的发展，资本收入占国民收入的份额会越来越高，由于资本性收入的分配更为集中、资本分配比工资分配的不平等程度更高，因此，资本收入占比的长期上升也就意味着整体收入分配将越来越不平等。此外，西方社会还正在向"世袭资本主义"回归，在"世袭资本主义"时代，经济的制高点不是掌握在有才华的个人手中，而是被家族王朝所主宰。那么，是资本说了算，还是引导和节制资本，这里面便有一个根本性的差别，并且会导致一系列的连锁反应和后果。对于媒体来说，如果资本说了算，那么媒体标榜的"第四权力"就必然成为一个美丽的说辞，不可能摆脱资本的控制和左右，而发挥应有的监督作用。反之，如果打破权力和资本利益固化的藩篱，真正把促进社会公平正义、增进人民福祉作为国家权力与资本驾驭的出发点和落脚点，那么，媒体的权力才不至于陷入一种尴尬的境地。

三、"新闻自由"难以真自由

"新闻自由"是西方新闻观里最具迷惑性的一个说辞，在国内曾一度

---

①《马克思恩格斯全集》第四十四卷，人民出版社2001年版，第871页。

有些市场，特别是伴随着新自由主义思潮的输入，对一些人"洗脑"效果明显，使其对西方媒体的"新闻自由"笃信不移。其实，马克思早就在理论上揭露：资产阶级具有虚伪性。他说，"如果完全不考虑这些思想的基础——个人和历史环境，那就可以这样说：例如，在贵族统治时期占统治地位的概念是荣誉、忠诚，等等，而在资产阶级统治时期占统治地位的概念则是自由、平等，等等。一般说来，统治阶级总是自己为自己编造出诸如此类的幻想"[①]。"新闻自由"正是这样的概念，它不仅是西方媒体一厢情愿的幻想，而且根本上就是自欺欺人的辞令，他们主要用这个口号来责难社会主义国家和发展中国家，其目的是为干涉别国内政找借口。而在他们国内，则利用各种法规限制新闻、言论、出版自由。所以，连西方国家的许多新闻学专家也压根不相信什么"新闻自由"。法国的贝尔纳·瓦耶纳教授在其《现代新闻学》中说："所有的政府都是以主权原则为理由，要对新闻的输出或输入进行独家控制。"日本的和田洋一教授在其《新闻学概论》中指出："国际报道实际上是处于西方经济发达国家通讯社的垄断之下的"，"在日本是信息输入国这一点上，可以说同发展中国家的利益是一致的，但是从新闻自由这一点上看，日本又将站在发达国家的立场上应付发展中国家"。

我们不妨回顾一下2011年美国发生的"占领华尔街"运动。当时，运动已经扩展到全美国120多个城市，可西方的主流媒体仍然表现得格外平静。美国皮尤研究中心的一项调查显示，在9月25日至10月2日占总量14%

[①]《马克思恩格斯文集》第一卷，人民出版社2009年版，第552页。

的关于经济报道的新闻版面和新闻编排中，关于"占领华尔街"的报道仅占了这14%中的12%。即便有些媒体对这一事件进行了跟踪报道，也大都持消极评价，指责示威者是"用幼稚的手法示范进步主义"，称"占领华尔街"运动是"99%反抗1%"的运动等。当"占领华尔街"运动矛头指向资本主义制度深层弊端时，美国主流媒体认为这"没有新闻价值"，轻描淡写、冷漠消极。资本家享有通过媒体为自己辩护并攻击示威者的"新闻自由"，而示威者却不享有通过媒体为自己辩护的"新闻自由"。西方媒体"自由"地问责政客、指责政党、批评政府，不过是为各自所代表的利益集团所作出的政治表态。

关于西方新闻观中的"新闻自由"，目前有很多研究，大多从阶级观点和阶级分析的方法、意识形态渗透的口号和工具等角度进行阐述，结论也较为清晰，那就是美西方国家自我标榜的"新闻自由"，实质是造谣自由，早已沦为一句笑话。这里，我们尝试从深层理论基础的角度，对"自由"这一概念做一番学术厘清。因为，"新闻自由"的理论基础和学理支撑，在于"自由"这个概念，特别是它与新自由主义的内在关联。正如有学者指出的那样，"作为一种思想文化现象和社会政治现象，当代中国新闻自由思潮无论从其产生背景，还是就其呈现特点，本质上是西方新自由主义思潮在新闻领域的理论变种和存在样态，是资产阶级新闻理论与当下中国宣传思想领域的'噪音''杂音'相伴演化的产物"①。因此，只有

---

① 王岩：《当代中国新闻自由思潮的意识形态批判》，《马克思主义研究》2020年第4期，第136页。

从学理层面对马克思主义新闻自由观所讲的自由概念，进行全面准确的澄清，才能从理论基础上真正驳斥所谓的"新闻自由"的虚伪性、自反性。

自由是人类的崇高追求，也是哲学的永恒话语。在一定意义上，人类的文明史就是一部人类自由的发展史。自由也是马克思理论体系中的重要核心问题，马克思对哲学史上的关于自由的全部思想成果进行了积极的扬弃，以实践为基础建立了发展的自由观。在资本主义自由观大有席卷全球之势的今天，尤其是如新自由主义在国内遭到曲意逢迎乃至于恶意绑架的形势下，马克思的自由观就显得特别具有不可替代的现实意义。为此，我们需要正本清源。需要指出的是，这里所说的发展既是指马克思本人是立足于发展史观来解释自由问题的，更是指我们要以发展的眼光看待自由，以马克思自由观与中国传统文化的发展的契合为视角对马克思自由观进行透视。通过这种正本清源，我们将凸显马克思自由观的发展品格和当代意蕴，回应现代社会的各种自由思潮。

以发展看待自由，需要我们真切地把握，马克思所理解的自由是历史的、具体的、真实的、全人类的自由。

第一，马克思所理解的自由是历史的自由。所谓历史的，也就是动态的、过程的。马克思认为，人类历史是由从低级到高级、由人的依赖到人的独立，最终到人的自由而全面发展的现实运动过程。在这一过程中，按照社会生产力发展程度及其对人的自由发展的影响，人的发展状况可以划分为三个历史形态。

第一个历史形态是"人的依赖关系"，与自然经济相联系，是前资本主义社会的典型特征。在此阶段，个人没有独立性，甚至人身自由也无法保证，而是直接依附于特定的社会共同体，个性发展受到抹杀。我们称此一阶段的自由形态为"绑定式的自由"，意指人被束缚在孤立的地点和狭窄的空间范围。

第二个历史形态是"以物的依赖性为基础的人的独立性"，与商品经济相联系，是资本主义社会的典型特征。在此阶段，个人拥有了一定程度的独立性，个性与自由也获得了相对的发展，但这种发展是以"普遍物化"为特征的，异己的物成了人的纯粹的外在目的而压抑了人自己的目的本身，最终产生出个人同自己和同别人的"普遍异化"。从物化到异化的逻辑，在人与物相对立的形式中限制了自由，甚至使个人的发展表现为"空虚"。我们称此一阶段的自由形态为"包袱式的自由"，意指人创造了物，却反过来为物所累。

第三个历史形态是"建立在个人全面发展和他们共同的社会生产能力成为他们的社会财富这一基础上的自由个性"，与未来的产品经济相联系，是共产主义社会的典型特征。在此阶段，每个人都获得自己的自由个性和全面发展，社会关系不再作为异己的力量支配人，而是作为一切人自由发展的条件和表征。届时，人们将在丰富而全面的社会关系中获得自由而全面的发展。我们称此一阶段的自由形态为"解放式的自由"，意指完全的充分的自由。

因此，不同的时代会产生不同的自由，人类社会从原始社会、奴隶社会、封建社会、资本主义社会到社会主义、共产主义是一个历史的进步过程，也是自由内涵不断增加、自由空间不断拓展、自由程度不断全面化的同一进程。以发展的眼光来看，这样的自由就不是理论和概念还原出来的，而是历史的现实运动一步一步生成的过程与结果。

第二，马克思所理解的自由是具体的自由。所谓具体的，也就是相对的，而不是绝对的、抽象的。人的自由总是在一定基础上和一定条件下的自由，没有前提的绝对自由在现实中并不存在。自由总是特定社会形态之中的具体的自由，其具体性是与历史过程性相统一的。社会生产力发展的水平，社会制度的性质，社会物质生活条件、精神条件等客观状况都从根本上制约着人们实现自由的深度和广度。随着上述条件的变更，自由的内涵会相应地发生改变。

马克思的理论常识告诉我们，从来就没有一个崇高的观念孤悬在真实的人类社会之外，从而处于绝对的、普世的超人类、超历史地位。但是在西方社会，不论是马克思时代所面对的自发的、从而是在不自觉的自我欺骗中完成理论操作的旧资本主义的自由观，还是意识形态对立之势席卷全球之后资本及政治势力操控下的所谓新自由主义，无一不是从赋予自由以超人类的绝对性、普世性迈出逻辑的第一步的。它们都撇开具体的历史条件和社会关系，把自由神化为不可撼动的第一原则，进而在纯粹理性的真空中抽象地谈论理想化、概念化的自由。这样的自由不过是理论逻辑与概念体系的一个环节，其永恒性恰恰源于被抽空了实质内容的形式性。这就遮蔽了自由本身所蕴含的社会属性和文化属性的综合特征，也就取消了自由的现实性和具体性。

　　每一时代的人受到主客观条件的制约，获得的自由总是具体的。在阶级社会，这种自由的有限性就表现为它的阶级规定性。奴隶社会、封建社会和资本主义社会都是阶级对立的社会形态，它的生产力水平和社会条件决定了"少数人—多数人"的二元结构，即少数人的自由总是以牺牲其他多数人的自由为代价而得以满足，少数人由此获得垄断统治地位。但是，阶级社会必然上升到消除了阶级对立的共产主义社会，这一历史进步过程，同时也是自由从相对走向绝对的辩证过程。社会主义制度的确立，实际上已经为实现人在自由可能性方面的提升迈出了具有决定意义的一步。随着社会关系的进步，人们在社会生活中的自由将更加充分具体，也更能落到实处。正是在这个意义上，人类历史才是一个不断从必然王国向自由王国发展的历史。

　　第三，马克思所理解的自由是真实的自由。所谓真实的，也就是现实的个人的。马克思"从现实的、有生命的个人本身出发"，同时以个人的自由发展为最终目的。立足点是"现实的个人"，面向的对象是"现实的世界"，终点在更高级的层次上回复到"（经历了自由全面发展而充分自我实现了的）现实的个人"。所谓"现实的个人"，不是近代形而上学二元对立模式下所分析出来的概念环节，而是活生生的、有血有肉的、处于一定社会关系当中的、进行着真实的存在过程的生命个体。因此，真实的人为自由植入了真实性的内在品格和存在基础。

　　卢梭曾感叹于"人生而自由，却无往不在枷锁之中"，这是西方文化固有的理论焦虑。这种焦虑指示了"自由之难"，但这种难不仅在于必然王国的限制，更在于其所承认的前提——每个人都生而自由——是资本主义自由观所能给出口头承诺却又无法真实兑现的。在资本主义自由之光普照下的西方世界，其生活方式与思想方式无不带有否定自由真实性的特征。生活方式，按其规定指的是现实世界中互为他物的行为个体分别伸展自身自由的方式及样态。对每一个行为个体来说，其自身都表现为独立的自由意志。而面对着自由之我所对象性呈现的，都是有碍于自由伸展的他者；思想方式，按其规定指的是意欲获得一个逻辑澄明的绝对理性世界。在这个逻辑世界中，对象物以确定的和一览无余的方式坦白陈放在具有自由意志统摄力的绝对逻辑面前。于是，由此生活方式与思想方式综合演绎得出的资本主义自由也就以其控制论的色彩取消了自由的真实性意蕴。

马克思追问自由得以实现的条件和途径，有力地反驳了热衷于探讨"自由是什么"的西方自由学说的虚假性。实践是自由的基础，自由就是人通过实践自我实现的过程，这一过程是在人与客观世界互为对象化的运动过程中得以实现的。生产力为人的自由实现提供着物质基础，而就主体自身而言，则必须要积极投身于社会实践，以不断提高个体的能力。最终，只有发展到共产主义社会，自由的真实性才得以全面地落到实处。届时，生产力的高度发展为人的自由奠定充分的物质基础，精神生产的高度发展为人的自由开辟广阔的空间，阶级差别和对立的消除使一切人有了自由发展的机会和条件。

第四，马克思所理解的自由是全人类的自由。所谓全人类的，根本的指向是"共生性"，而非"排他性"。从历史的角度看，资本主义的自由是隶属于欧洲文化的自由观念，它遵循马克思所说的旧哲学的基本逻辑。在该逻辑中，自由被黑格尔经典地表述为"只有当没有外在于我的他物和不是我自己本身的对方时，我才能说是自由"。这一命题真实地还原了孕育于西方文化母体的自由观念的原始形态和本初含义——在某种"现实的视域"或"理论的视域"下的"唯我独尊"。

资本主义正是在这种绝对崇尚个体或资本自由的观念驱动下的社会综合运动，而这种自由的衍化结果是，人类中的一个绝大部分被排斥在正常的生存权利之外，从而形成了资本主义自由以"毁灭性地剥夺人类生存自由"为特征的发展逻辑悖论。这种逻辑在马克思的笔下具体表现为，在资本主义社会里，资产阶级只关心他们的私利，并以此来牺牲无产阶级的切身利益，资本家"把工人钉在资本上，比赫斐斯塔司的楔子把普罗米修斯钉在岩石上钉得还要牢"。

《共产党宣言》中的经典结论发人深省："代替那存在着各种阶级以及阶级对立的资产阶级旧社会的，将是一个以各个人自由发展为一切人自由发展的条件的联合体。"①它的深意在于指出，作为一个共同命运的社会有机联合体，每个人的自由发展都不构成别人自由发展的他者，相反却成为和谐共生的积极条件和必然前提，每个人的自由发展与一切人的自由发展和谐统一。

以人的自由而全面发展为最终目标的马克思的自由观，至此与中国优秀传统文化结构中"万物并育而不相害"的和谐共生理论殊途而同归，也

_____
① 《马克思恩格斯全集》第四卷，人民出版社1958年版，第491页。

为我们构建社会主义和谐社会指明了终极境界。资本主义那种"排他性"的自由，只能成为自由的"非健康"样态被扬弃，进而向和谐共生的自由阶段过渡发展。资本主义惯于高呼自由与人道，岂不知，只有在人与自然、人与社会、人与人之间关系的总体性和谐发展的根本前提下，才可能有真正自由的实现。所有人为了所有人而不是所有人反对所有人，这才是真正的人道主义。

第五章

守正创新：媒体融合发展过程中的党性坚守

今天，我们处在一个什么样的媒体环境中？或者说，今天的媒体有着怎样的时代遭遇？

抖音、快手、微博、微信……今天提到媒体，许多人特别是年轻人恐怕第一时间想到的是这些"符号"，而不一定限于传统的党报、党刊、党台、党网等主流媒体。当然，这并不是说，主流媒体失去了受众，而是更多意味着：随着信息社会的迅速发展，移动互联和社交网络的极大扩展，大数据、云计算、人工智能等新技术的不断涌现，新技术新应用给传统媒体的发展带来巨大冲击。于是，自然牵涉到这样几个问题和由此引发的思考：

首先，媒体的范畴"扩容"了，或者说外延扩大了。曾经，我们只把报刊、电视、广播等传统媒体视为媒体的唯一。随着互联网技术的飞速发展，移动终端渐渐普及，一大批自媒体悄然兴起，出现了"人人都有麦克风，个个都是通讯社"的局面。在传统新闻实践中，媒体主要关注的是"内容"，传播的"形式"主要依靠书刊纸媒等，编辑选择内容推送给受众，相当于内容生产方、供给侧"主导"消费者、需求侧，是一种单向传播特征明显的传播形态。新媒体的发展，一方面模糊了新闻传播的边界，客观上使得传统媒体的受众有所流失，甚至是较为严重的流失，但另一方面也要看到，这种趋势对于媒体本身而言，并不是只有"伤害"，因为受众的需求不是没有得到满足，而是日益得到更好满足。随之而来的是，媒体的运行机制逻辑从以往的"单向输出"形态，演进为生产方与需求方"双向互动"形态，受众的需求、兴趣点等都得到进一步强化，在集中精力聚焦受众究竟需要什么、怎样更好满足受众所需的过程中，作为整体行业的媒体实际上是顺应时代在发展，普通大众与媒体之间的关系也越来越"亲密"，人们越来越离不开媒体，也越来越习惯把媒体所"塑造"的生活作为整体生活的有机组成部分。

其次，新媒体、互联网、移动端的迅速发展，在一定程度上"倒逼"传统媒体必须与新兴媒体融合发展。从新闻传播的角度，我们把今天这个时代成为"自媒体时代""全媒体时代""融媒体时代"。无论怎么形容，都意味着媒体形态的改变，比如，受众就不再只是信息接收者，因此就不再是单纯的受众，而是变成了"用户"，是信息的发布者、传播者，相应的，传统的单向信息传播转变为双向和多向互动。媒体版图发生了深刻的革命性变化，主流媒体的"舆论主场"变成了众多跨界者涌入的"舆论广场"。如何成为舆论压舱石、社会黏合剂、价值风向标，成为摆在主流媒体面前一道前所未有的紧迫课题。于是，"融媒体"或"媒体融合"的概念应运而生。党的十八大以来，习近平总书记多次发表重要讲话，指导传统媒体和新兴媒体融合发展，强调要尽快从"相加"阶段迈向"相融"阶段，着力打造一批新型主流媒体。这些重要论述，为我们推动媒体融合发展、建设全媒体指明了前进方向、提供了根本遵循。在我国，2014年被称为"媒体融合元年"，2014年9月，中共中央办公厅、国务院办公厅印发《关于推动传统媒体和新兴媒体融合发展的指导意见》，传统媒体与新兴媒体融合发展上升为国家战略。特别是2019年1月，习近平总书记在中共中央政治局第十二次集体学习时，专门就"推动媒体融合向纵深发展"发表重要讲话，强调全媒体不断发展，出现了全程媒体、全息媒体、全员媒体、全效媒体，信息无处不在、无所不及、无人不用，导致舆论生态、媒体格局、传播方式发生深刻变化，新闻舆论工作面临新的挑战。我们要因势而谋、应势而动、顺势而为，加快推动媒体融合发展，使主流媒体具有强大传播力、引导力、影响力、公信力，形成网上网下同心圆，使全体人民在理想信念、价值理念、道德观念上紧紧团结在一起，让正能量更强劲、主旋律更高昂[①]。在党中央的坚强领导下，我国媒体因势而谋、应势而动、顺势而为，不断推动理念、流程、技术、内容、产品、队伍、管理、渠道、市场等深度融合，打通"报、网、端、微、屏"各种资源，实现全媒体传播的步伐既快又稳、行稳致远。

要理解为什么在媒体融合过程中必须坚持党性原则，需要首先从准确把握"媒体融合"这个概念入手。"媒体融合"一词，最早由美国学者尼葛洛庞蒂于1995年提出。最近10年，媒体融合逐渐演变为全球关注的热点，大体经历了三个主要阶段。

第一阶段为PC网站对传统媒体特别是对报纸的冲击。2008年开始，受互联网和国际金融危机双重冲击，全球报纸广告收入增长放缓，有的甚至出现下滑。为了应对危机，以美国《纽约时报》《华盛顿邮报》和英国《金融时报》为代表的传统媒体开始推出会员制，把独家的优质内容放在网站上，设置"付费墙"，同时采取裁员、减少版面、缩小发行范围，甚至停止出版纸质版等措施降低成本。时至今日，传统媒体依然未找到公认的商业模式，付费墙和捐赠仍是其赖以生存的重要方式。在这一阶段，电

[①]习近平：《论党的宣传思想工作》，中央文献出版社2020年版，第354页。

视媒体虽然也受到冲击，但远没有报纸那么严重。

第二阶段为以智能手机为主要终端的流媒体对传统电视媒体的颠覆。2014年，4G在全球全面商用，智能手机迅速成为用户最聚集的传播载体。当年，报纸和电视台广告收入出现断崖式下滑。在移动互联时代，受IPTV和OTT等新的传播方式影响，BBC、CNN等电视巨头"一屏独霸"的时代彻底终结，互联网视频流量增长迅速，美国"流媒体"用户爆发式增长。同时，有线电视网络这一传输方式，也在与新兴视频平台竞争中越发被动，市场不断被蚕食。

第三阶段为社交媒体越来越成为传播的主角。随着智能手机功能的不断完善，Facebook、Twitter、Ins、YouTube等社交媒体平台迅速崛起，对传统的报纸、电视和有线电视网络形成全面冲击。社交媒体成为多数人获得和分享信息的主渠道，新闻被操纵的风险也成倍增加。美国时任总统特朗普"推特治国"、巴西总统选举、法国黄背心运动、英国脱欧混乱等现象，充分证明社交媒体在影响力和引导力方面正逐步取代传统媒体。

我们正在拥抱的5G时代，也加剧了传统媒体的生存困境。5G的特点有网速更快、网络容量更大、延时更短等，将实现人与人、人与物、物与物之间的连接，在广带化、泛在化、智能化、融合化的网络中，现有媒介生态将进一步被颠覆和重塑。在大势面前，传统媒体生存发展将极为艰难。在国际上，不管是学术界还是传媒业，大家都越来越公认媒体融合发展的三大趋势：一是移动化。统计表明，全球70多亿人口中，手机网民超过40亿。在相当意义上说，谁掌握了移动终端，谁就把握了竞争主动权。二是社交化。今天的全媒体传播模式发生了深刻变化，人际关系网络成为大众传播的重要基础设施。在社交媒体上，用户能够获得充分的存在感、参与感、互动感，媒体也通过增强用户体验和黏性实现社交化传播、社交化生产和社交化运营。三是可视化。随着基础网络服务的提速，特别是5G条件下，信息获取形式的视频化将是未来网络内容发展的趋势，传统媒体通过大数据、虚拟现实技术、人工智能、在线直播等新技术手段，将优质内容资源以受众喜闻乐见的形式呈现出来，可以大大提高内容的到达率和受众认可度。

那么，面对这样一种媒体环境和发展趋势，坚守党性原则的理由或必要性何在？至少有以下几点。一是实现"两个巩固"，维护国家政治安全、文化安全、意识形态安全的迫切需要。当前，互联网的社会动员能力越来越强，成为各类风险的"传导器"和"放大器"。美国等西方国家企图利用互联网"扳倒中国"，实施网上"文化冷战"和"政治转基因"工程，抛出和设置敏感议题，炮制各种政治谣言，攻击我国政治体制，宣扬西方价值观。各种敌对势力利用社交媒体搞网上串联结社，散布传播"抗争"理论，配置内应力量，线上动员、线下行动。一次社交媒体上的群情激愤，就有可能触发一场大规模的街头抗议和社会骚乱。只有坚持党性原则、筑牢网络阵地，才能拥有坚如磐石的政治定力，有力有效维护国家安全，避免犯历史性错误。二是巩固壮大主流思想舆论的迫切需要。当前，短视频、微博、微信、客户端日益成为信息传播的主渠道、主平台，对传统主流媒体主导作用形成冲击，甚至出现了"报纸跟着网站跑、网站跟着公号跑"的现象。人在哪里，主阵地就应在哪里。在坚持党性原则的前提下推进媒体深度融合发展，成为巩固壮大主流舆论阵地的唯一选择，成为让主力军上主战场继续发挥重要作用的唯一途径。当然，还有许多理由，我们将在下面的具体分析论述中予以展示。

第一节　全媒体发展给坚持党性原则带来的时代课题

全媒体时代对于坚持党性原则意味着什么？我们先来看两则材料。

第一则：2022年2月25日，中国互联网络信息中心（CNNIC）发布第49次《中国互联网络发展状况统计报告》（以下简称《报告》），《报告》显示——

截至2021年12月，我国网民规模达10.32亿，较2020年12月增长4296万，互联网普及率达73.0%。在网民中，即时通信、网络视频、短视频用户使用率分别为97.5%、94.5%和90.5%，用户规模分别达10.07亿、9.75亿和9.34亿。我国网络新闻用户规模达7.71亿，较2020年12月增长2835万，占网民整体的74.7%。

2021年，新闻媒体与互联网平台加速融合，持续推进技术突破，进一步增强用户体验，提升传播效果。国家主管部门进一步加大治理力度，推进网络新闻行业更加规范。

新闻媒体与互联网平台加速融合，进一步提升传播效果。新闻媒体通过入驻哔哩哔哩、百度、微博等社交娱乐类、信息资讯类平台，并持续引导平台用户参与对热点议题的讨论，进一步提升平台用户对相关议题的认知，达到良好的传播效果。在庆祝建党百年相关报道中，新闻媒体一是及时发布最新资讯，引发用户关注。央视新闻第一时间在哔哩哔哩、微博等平台持续发布现场视频、资讯等新闻内容，相关视频点击量均在20万次以上。新浪新闻自2021年初至7月1日，积极为人民日报、新华社、央视等主流媒体进行推送，重点呈现建党百年相关资讯，累计转载相关报道共约1.4万条。二是精心设置议题，强化用户认知。中国网官方账号在线上知识问答平台就"庆祝中国共产党成立100周年大会7月1日上午在北京天安门广场隆重举行，哪一幕让你印象深刻？"进行提问，共得到超2500次回答和千万次浏览。三是发布权威解读，加深用户理解。人民日报旗下侠客岛公众号在微信发表权威解读文章，文章阅读量超10万。针对同一事件的多平台共同发力，极大提升了传播效果，进一步增强了网民对国家的凝聚力和向心力，有力弘扬正能量。

第二则：《新京报》2019年11月30日第B10版刊发了《透视自媒体乱象，避开"人人皆为记者"的陷阱》一文，集中揭露了自媒体时代的四大乱象——

1. 虚构事实，制造焦虑，煽动情绪

在自媒体时代，四平八稳、严谨中立的文章往往不温不火，而引发病毒式传播的"10万+"文章，往往热衷制造矛盾与争议。那些让人惊叹的阅读量背后，不乏利用对立、标签和群体认同来煽动情绪，制造焦虑，甚至为了追逐流量不择手段，虚构事实。

咪蒙在微信公众号上的发迹与坍塌，恰恰代表了自媒体发展历程中的乱象典型。比如《寒门状元之死》一文，写得悲情而伤痛，实则漏洞百出；再如"二更食堂"的《托你们的福，那个杀害空姐的司机，正躺在家数钱》，为了迎合受众而用情绪替代事实导向。这种靠"人血馒头"赚流量的方式，曾一度成为自媒体写作乱象中的典型操作。

2. 消费名人，庸俗解读，实为带货

名人向来是流量的载体，炒作名人八卦便成为自媒体的"吸睛"法宝。乔任梁去世，热依扎的穿衣风格和抑郁症，郎朗、林志玲的婚姻……这些名人花边，都成为自媒体制造话题的富矿，成为众人消费或攻击的对象。

就连以批判精神著称的鲁迅，也成了自媒体赚取流量的法宝。除了网络上流传的大量鲁迅"伪语录"之外，鲁迅的经历与文章也被当下的鸡汤成功学所骑劫。比如微信公众号"皇太极在纽约"的《贪财的鲁迅》一文，把鲁迅开三闲书屋、野草书屋等出版社的经历，解释成为赚钱而下海做书商；还引用《故乡》大方谈钱，指出"经济最要紧"是成功文人的通性，认为鲁迅"凭借过人的商业天赋，在文字变现上实现了利益最大化"。调侃完鲁迅是"当之无愧的人生大赢家"之后，作者笔锋一转，开始卖起了理财课。自媒体对名人生活的庸俗化解读与附庸风雅的"带货"，显得赤裸、廉价而乏味。

3. 洗稿泛滥，剽窃内容，堆砌观点

今年7月，拥有600万粉丝的微信情感大号"HUGO"被发现自助注销账号，停止使用。翻看该号历史文章，不乏标题党、毒鸡汤、贩卖焦虑。此外，HUGO还不时被多位作者发文斥责抄袭洗稿。

近年，业内一度爆发了自媒体整合新闻报道是否算是"洗稿"的讨论。对新闻来说，最重要的是事实，自媒体公号没有采编权，难以获得一手材料，却善于整合报道讲故事。很多自媒体在洗稿、抄袭的小道上一路走来，剽窃内容，堆砌观点，甚至流量造假，只为分得流量经济的一杯羹，加剧了行业的恶性竞争与互耗互害。

4. 炮制谣言，中伤企业，变相敲诈

自媒体主打"再小的个体，也有自己的品牌"的概念，然而，很多自媒体却以造谣中伤的方式来打造自己的品牌。如果说这个时代"人人皆为记者"，那么新媒体也制造了大量"不实报道"，比如发动"水军"攻击企业，变相敲诈勒索。

日前发布的《2018—2019网络"黑公关"研究报告》显示，互联网已替代食品、饮料、汽车等行业，成为网络"黑公关"的重灾区。黑公关公司根据金主需求策划话题、制造热推并购买流量，很多企业深受其害。比如，今年的美团黑公关事件已立为刑事案件，标题含有美团CEO王兴的黑稿，首发每篇收费200元。自媒体在金钱诱惑下恶意诽谤的网络雾霾，对企业和社会造成了极大伤害。

在大多数人的心目中，媒体的内容，应该是权威的、客观的、公正的，值得信任的。特别是主流媒体、官方媒体，党报、党刊、党台、党网，是可信度最高的载体，"官宣"最值得信任。那么，这份权威性、公信力从何而来？主流媒体之所以称为"主流"，就是因为其始终坚定不移地坚守党性原则，始终矢志不渝地承担着高举旗帜、引领导向，围绕中心、服务大局，团结人民、鼓舞士气，澄清谬误、明辨是非，联接中外、沟通世界的重要使命。这是义不容辞的职责，也是得天独厚的优势。人们对主流媒体的信任，从根本上讲，是出于对其"党媒"属性的信任，对党和政府的信任。因此，从逻辑上讲，我们可以说，坚持党性原则，是媒体赢得群众信任的前提条件。那么上述种种乱象从何而来？究其实质，归根结底也是因为弱化甚至放弃了对党性原则的坚守，从而弱化甚至放弃了阵地意识、新闻操守，沦为资本或低级趣味的奴隶。

资本的逐利性本质，或企业对利润最大化的追求，作为公理性的基本假设，几乎可以解释所用的经济行为和现象。对于传媒产业来说，这就自然产生一种矛盾：坚守党性与追求利益的二元张力，或者表达为社会效益与经济效益之间的二元张力。对于今天的许多传媒企业来说，新闻传播成为一种单向度的经济行为，媒体融合的进步效应简单体现在经济效益这一指标上，无论是降低成本还是提高效率等，从制造热点到催化舆论，媒体融合都成为传媒产业、传媒企业利益和效益最大化的一种实现手段。然而，媒介产品不同于一般的商品，它具有准公共品的属性，如果把经济效益作为唯一的指标，就会产生种种问题，其后果不可估量。因此，从深层逻辑看，今天的新媒体环境对坚持党性原则提出的挑战，根本上是资本逻辑提出的挑战。我们所说的资本逻辑，是指资本以其特有方式不断谋求价值增值的逻辑特性。在资本逻辑驱使下形成的网络舆论议题，大多是资本选择性设置或推动，有利于资本增值。对此，我们必须从理论上对资本逻辑进行清醒的反思。

在《资本论》中，马克思坚持历史尺度和价值尺度的统一，进而系统揭示了资本逻辑的实质。从历史尺度看，"物的依赖"、商品拜物教和资本主导逻辑出现，具有历史必然性，因为资本的逻辑能推动社会生产力的发展，也就是我们熟悉的那句结论：资产阶级在它的不到一百年的阶级统治中所创造的生产力，比过去一切世代创造的全部生产力还要多，还要大。从价值尺度看，资本则有"吃人"的本性，资本的逻辑是把资本当作社会的主体和目的，而把人当作资本增值的客体和手段，也就是我们熟悉的那句结论：资本家通过延长工人劳动时间和压低工人工资来获取最大利润。因此，马克思主张超越"物的依赖"和资本主导的逻辑，进而走向注重人的全面发展和自由个性，也就是人的逻辑。

从马克思主义理论来看，坚持党性原则，坚持党性与人民性的一致性，落实到新闻工作及传媒产业上，就是用人的逻辑来矫正资本的逻辑。从中西对比角度看，市场经济、商业化和利润最大化，是资本逻辑赋予当代西方社会的典型特征。在这三种力量的推动下，社会生产的主导地位逐渐让位于消费，后者成为社会运转的轴心，传媒的生产逻辑、传播逻辑都服从于资本逻辑。从现实角度看，我们已经充分领教了资本逻辑主导下的媒体乱象。特别值得警惕的是，资本投入经济刺激，调动网民参与网络话题讨论，部分网民被利益所驱使，放弃政治立场和道德判断，站在资本集团一边，为资本利益代言，形成"网络民意"假象，引发社会关注，实现资本价值追求。因此，在今天的媒体环境中，面对媒体融合大势，我们必须强化资本的社会责任和道德责任约束，营造抵制利益导向的舆论氛围，努力画出网络空间价值观最大同心圆。而要做到这一切，都需要从根本上坚持党性原则，坚持以人民为中心的发展思想，一切为了人民，一切依靠人民，把人民根本利益当作尺度，坚持人民至上，合理利用资本，而不是被资本所俘虏。

今天，更多的人通过手机，通过各类APP获取新闻资讯和知识，但随之而来的一个现实是，非传统媒体的种种渠道，在表达上更自由、更多样化，但也往往更随意、更任性，"人人皆可为记者"的世界其实没那么美丽。如何有效祛除互联网传播环境下的"假恶俗"，积极传播正能量？这就必然提出这样一个时代课题：将党性原则贯穿于媒体的新闻传播及其各方面改革。

其实，关于新媒体、自媒体、融媒体、全媒体等媒体环境的变化，对党性原则提出的挑战，也有许多研究和结论，我们在此不做一一列举，而是尝试从一个小切口、小角度提供一番佐证和论证。

在今天这样一个媒体环境中，有一个概念十分重要，那就是社会情绪，或社会心理。这是一个属于社会学和心理学范畴的概念。在传统媒体时代，受介质和渠道的客观限制，人们尽管也可以通过媒体获取新闻，但时空限制特征十分明显，更重要的是，自我表达和相互交流的渠道很"窄"，更多的是以地域为单元，在线下进行有限的互动。今天，不同媒体平台上人们的情绪、情感可以更便捷地表达、分享，社会成员更易形成所谓的"通感"。有研究对当今媒体环境对社会情绪的影响进行了一些归纳，包括更易产生共同情绪，情绪分化且更易两极化，情绪反应钝化且情感淡漠，放大了风险进而提高社会情绪强度，社会情绪更易相互感染，等等。在从个体意识转化为共同情绪的过程中，一方面由于消息传播客观上存在"失真定律"，在传播过程中必然或多或少发生改变；另一方面由于媒体的有意为之，对原有信息进行加工甚至改造，于是信息本身的真实性、客观性一定程度上退居幕后，个体情绪相互传染，进而形成整体效应，"社会共识"走到了前台。于是，人们似乎不是更愿意了解事实本身，而是更愿意表达情绪，更愿意接受他们想要的结果，而自动"屏蔽"掉他们不想看到的内容。这样的社会情绪生成机制有什么实际作用呢？我们观察近年来的一些典型社会事件，不难发现，由媒体所影响甚至塑造的社会情绪，在很多情形下甚至直接影响了事件本身的走向与结局。

比如，我们可以回顾一个社会事件予以说明。2018年8月27日晚，江苏省昆山市震川路与顺帆路交叉路口发生一起命案，一辆宝马车驶入非机动车道，险些与一辆自行车剐蹭，宝马车驾驶人刘海龙持刀追砍骑车男子于海明，之后刘海龙反被砍身亡。此案发生后引起社会广泛关注。9月1日，昆山市公安机关认为，于海明的行为属于正当防卫、不负刑事责任，对此案作出撤销案件决定。短短几天就实现了这样"短平快"的结果，不能说与媒体的作用没有关系，不能说与社会情绪的影响没有关系。当时，这一事件在网络上广泛发酵，迅速形成热点。"昆山反杀案"关键的争议点是对于海明"杀人"行为的性质认定。基于朴素的正义感，多数民众本能地站在于海明一边，也有不少法律界人士从法理角度论证于海明"杀人"行为的正当性，于是，舆论一边倒地认为于海明无罪，这是民意。昆山警方和检察机关的通报，从法律上对于海明的行为进行了全面分析，得出了正当防卫的判断，这与民意在法理的支撑下达成一致。这是民意与司法在热点案件上达成的宝贵共识。对此，有评论人士点评道："至此，通过全社会对于正当防卫的边界的大讨论，舆论的自我调适，法律的自发普及，都得到了较高程度的展现。"我们常说，正义也许会迟到，但不会缺席。可是，从严格意义上讲，谁也不希望得到迟到的正义，时效性也是正义的题中应有之义。因此，尽管我们都同意，这一结果并不是司法对民意的妥协，但媒体及时持续的跟进，社会情绪的迅速形成和集中，无疑在客观上加速了事件的处理进程。

　　类似的案例说明什么？重要一条就是媒体对于社会情绪塑造的重要性，进而媒体对于社会实际发展进程的重要性。新媒体是一把"双刃剑"，用好了会传递出正能量，如果使用不好则会造成消极影响。只有毫不动摇、持之以恒地坚持党性原则，媒体，无论是传统媒体还是非传统媒体，才能走对走稳正路、发挥正向作用，反之，必然背离时代要求和人民意愿，成为先进生产力和社会发展的阻碍因素。那么，媒体坚持党性原则的挑战一直都客观存在，融媒体时代又有哪些新特点？我们认为，主要有以下几个方面：

　　首先，数量上的冲击，片面追求时效性，碎片化特征明显。当今时代，各类媒体自媒体空前发达，微博、微信、微阅读、微视频等以"微"命名的新事物、新现象层出不穷。《中国新媒体发展报告（2020）》显示，随着5G时代的来临，人们阅读新闻资讯的习惯悄然转变。新媒体已成为中国网民获取新闻信息的重要渠道，人们倾向于通过微信、微博、抖音等新媒体渠道获取信息，半数以上的中国手机网民装有新闻客户端，54.6%的用户关注新闻资讯是否有音频、短视频、视频、直播等直观化的多媒体内容展现形式。此外，人们的新闻阅读习惯趋于移动化、碎片化，大都养成休闲时间"刷"新闻的习惯。用户阅读新闻资讯的场景排前三位的分别是：晚间休闲时间（占60.3%）、随时随地一有空就刷（占47.6%）、午餐及午休时间（占46.2%）。在"人人都有麦克风"的时代，许多专业新闻从业者由于没有坚守新闻核心价值，缺乏对网络舆论的辨别能力，盲目追求时效性，以热点、爆点吸睛，却忽视了新闻专业的核心要义——客观性和中立性，导致反转新闻越来越频繁。在这一背景下，无论是文字、图片或是视频，碎片化都已成为当前不可逆转的媒介特征。从短消息到短视频，人们的阅读、交流、思维习惯不断趋于碎片化，虽然碎片化的信息快捷高效，但无形中大大削弱了人们思考问题的完整性、系统性，降低了对于信息的批判意识。新闻传播实践与研究需要透过事件表象对本质进行剖析，对事物趋势进行解读和预判，这就要求新闻从业者具备敏锐的洞察意识和严谨的批判意识，由表及里，见微知著。

其次，技术至上主义，一定程度上忽视了新闻的根基、内容、原则等。技术逻辑推崇的是新技术，倾向于一味追求技术设备"高、精、尖"，过度强调新闻传播类专业与工科技术型专业的相似性，片面地认为只有通过尖端技术才能打造"爆款"新闻，才能实现专业领域的突破，由此一味追求技术效果，如流量至上、眼球经济、平台效应……这当然无可厚非，但是陷入单纯的技术逻辑则有失片面，极端者容易导致只顾吸引眼球，但却漠视心灵。此外，技术至上主义也往往带来技术伦理方面的社会问题。《中国新媒体发展报告（2020）》显示，中国互联网巨头纷纷抢占新赛道，强化超级APP功能，新技术带动互联网应用边界不断扩张。当前APP数量已超500万款，然而私自收集个人信息、超范围收集个人信息、私自共享给第三方、不给权限不让用等问题并不少见。

全媒体时代给新闻舆论工作坚持党性原则带领的挑战，我们认为归根结底在于数量与质量、内容与价值之间的"紧张"。一方面，量质紧张。在全媒体时代，我们面对的是海量信息，可以说是泡在信息海洋中，各类各种信息扑面而来，应接不暇，就像马克思所揭示的资本主义的特点——商品极大丰富。但数量本身既不是新闻舆论工作追求的最高目标，也不是受众最渴望获取的东西。"乱花渐欲迷人眼"，我们要的不是"来者不拒"，而是真正有价值、有意义、有含金量的内容，是价值度更高、意义性更大、含金量更足的内容，是"多"中之"一"，要言之，要数量更要质量。另一方面，有些内容存在着价值失语或失范，或者说，在内容供给过剩的同时，我们面临的是真正有价值的内容的"稀缺"，以及内容背后作为支撑的价值的"缺位"。在这个角度，更能理解为什么习近平总书记要求"加快推动媒体融合发展，使主流媒体具有强大传播力、引导力、影响力、公信力"。因此，信息技术和传播渠道是中性的，我们不能只从技术层面看待媒体融合。信息传播的背后有价值导向，观点交锋的深处是人心向背。网上新闻舆论阵地，正确的东西不去占领，错误的东西就会去占领。身处媒体融合的时代潮流，主流媒体更应在多元中立主导、在多样中谋共识，在融合发展中确立正确的舆论导向和价值标准。于是，新闻党性的课题水到渠成地摆在我们面前，成为一道急需破解的时代之问。

同时，我们也要看到"硬币"的另一面：新媒体的出现，使得新闻的载体、工具、形式发生变化了，这种变化虽然带来了挑战，但也是符合时代发展规律和潮流的不可逆转的趋势，因此，如何使"内容"能够因应"形式"的变化，让"坚持党性原则"更顺其自然、顺理成章、水到渠成、恰如其分地通过新媒体传播体现出来，可以说，我们传统新闻媒体的传统方式方法也是存在一定程度的问题的。比如：新媒体环境中受众的思想更为活跃，但我们传统媒体的宣传色彩仍然过于浓厚，机械刻板的程式化宣传，貌似坚守了"党性"，实际上没有适应时代的发展和人民的需要，是对"党性"的片面机械理解。因此，我们不仅要坚持眼睛向外看，强化以党性原则治理"新闻乱象"上，还要坚持眼睛向内看，反思传统新闻媒体自身不适应新闻规律和受众需求的问题，推动自身不断发展进步。

第二节 全媒体时代坚持新闻党性原则的应对之道

全媒体时代，传媒业成为高度开放的行业，各种思想、思潮和价值观、新闻观自由流动，相互撞击。对于我国主流媒体来说，在媒体融合的过程中，特别需要认清自己的政治属性和定位，时刻站在马克思主义的立场上，明确"我是谁，为了谁，依靠谁"，围绕增强"四个自信"展开工作。对于全媒体时代党性原则的坚守，不能抽象和泛泛地谈论。下面，我们以辽宁日报的具体实践为例，力求通过案例分析式的解读，揭示全媒体时代坚持新闻党性原则的应对之道。

辽宁报刊传媒集团目前拥有9报15刊4网站4客户端及近百个新媒体平台，日均生产原创新闻产品近千条，用户总量超过2000万，是辽沈地区最大的新闻信息源。用好用足集团各类资源要素，做到新闻共享、人才聚合、平台互通，激发内生动力，形成发展合力，是推动媒体融合向纵深发展的基础和关键。在辽宁日报全员融媒体改革取得阶段性成果基础上，推进集团层面媒体融合发展，使改革更全面、更深入、更有效。

整合编采力量，优化机构设置。深度整合辽宁日报、北国网、辽沈晚报等编采力量，优化整合集团所属各报刊及新媒体资源，根据报道领域和新闻类别，设置时政新闻中心、经济新闻中心、地方新闻中心、文体新闻中心、理论评论新闻中心等业务部门，在集团编委会统一领导下开展新闻生产工作，为客户端、报纸、杂志及其他媒体平台提供原创新闻信息。

做强传播平台，有力引导舆论。实施集团全媒体资源供给侧改革，对集团所有媒体进行全面普查分析，集中力量做强优质媒体，整合同类媒体，淘汰影响力和竞争力低下的落后媒体。坚持正确的政治方向、舆论导向、价值取向，坚定不移做强《北国》新闻客户端，毫不动摇办好《辽宁日报》和《共产党员》，大胆运用新技术、新机制、新模式，加快融合发展，实现宣传效果的最大化和最优化，巩固集团全省舆论引导主阵地地位。

强化移动优先，实现化学融合。在集团全媒体指挥系统（"中央厨房"）统一调度下，一支队伍负责所有原创新闻信息生产，同时向各类新媒体平台和报纸供稿。实行频道负责制，新闻业务中心分别在《北国》新闻客户端开设专门频道，中心主任享有所在频道的策划权、组织采编权、发稿权和稿酬分配权。所有新闻产品第一时间在《北国》新闻客户端发布，《辽宁日报》融媒体编辑部从客户端选稿，并根据报纸特性和自身需求进行二次加工。客户端强调传播快捷、内容丰富、表达生动，报纸注重策划、深度和精品。

提升内容品质，激发创新创造。加强新媒体和传统媒体传播手段建设和创新，积极开展各种互动式、服务式、体验式新闻信息服务，实现新闻传播的全方位覆盖、全天候延伸、多领域拓展。启动融媒体工作室孵化项目，调动广大编采人员的积极性和创造性，生产更多优质融媒体产品，培育打造在全媒体舆论场叫得响的名栏目、名记者。

在媒体融合过程中，辽宁日报着力做强平台，建设具有强大影响力的新闻客户端。客户端是媒体融合发展的终端产品，是推动全员融媒体改革的支点和枢纽。辽宁日报举全集团之力建设《北国》新闻客户端，定位为"党端"，是全省传播党的精神、传递省委声音的第一媒体，力争通过两年努力将《北国》新闻客户端建成辽宁乃至东北最权威最有影响力的新媒体平台，在全国拥有相当知名度和美誉度，并通过《北国》新闻客户端搭建"四大平台"。

新闻信息生产发布平台。辽宁报刊传媒集团所有媒体的优质新闻产品，第一时间在《北国》新闻客户端发布。业务中心在客户端均有专属频道，集团其他媒体根据新闻属性和服务对象，也可开设频道或专栏。发挥"党端"优势，做好省委、省政府中心工作报道，特别是通过图解、音视频、H5等新媒体手段，准确、及时做好省委、省政府主要领导活动报道，让全省党员领导干部和广大群众和第一时间了解、学习、领会。

党务政务信息聚合平台。依托中央厨房强大的新闻生产和舆情分析功能，为全省各级党政部门和其他单位提供新闻生产和发布"一体化"解决方案，建成全省最强大最权威的党务政务聚合平台，主要功能包括宣传报道、新闻发布、业务培训、舆情分析、活动承接、新媒体代运营等。

优质媒体聚合平台。吸纳党政部门和重点企事业单位入驻，与今日头条、抖音、企鹅号、一点资讯等聚合客户端合作，采取入驻或相互推介的方式，借力发力、扩大影响，同时吸引社会各界精英人士和优质自媒体人入驻，鼓励集团优秀编辑记者以个人名义入驻，赋能用户价值增长。

民生服务平台。在新闻性生产的同时突出用户性和服务性，通过与职能部门合作，为用户提供持续增加的办事、查询、消费等线上政务服务和生活服务，满足用户日常办事和消费需求，实现掌上看新闻、指尖办实事，增强用户黏性。

着眼于围绕中心、服务大局，赋能六大融媒体产品体系。辽宁日报新媒体运用新技术、新机制、新模式，生产互动式、服务式、体验式新闻信息，形成并巩固了H5互动展示、无人机航拍、视频等六大融媒体产品体系；着力做好"学习强国"辽宁学习平台建设工作，在全省推广"学习强国"辽宁学习平台手机客户端的下载和使用，力争在此项工作中走在全国前列；发掘"融媒体指挥中心"即中央厨房功能，加强对H5、动新闻、VR、直播、无人机拍摄等新媒体技术的应用，生产更多具有强大传播力的融媒体产品。

2019年全国两会期间，辽宁日报"两微一端"播发新闻报道411篇，是历年两会报道最多的一次。报道推陈出新，新闻样态不断丰富：制作系列图解新闻，如《全国两会日历|习近平等出席全国政协十三届二次会议开幕会》《政府工作报告辽宁的落点与亮点》等。视频报道更新鲜、更活泼，如《两会进行时》《手拍两会》等。系列H5产品持续增强体验性，如《H5|习近平总书记两会金句，句句说到老百姓心坎里》《H5|总书记，辽宁1.2万名驻村干部向您报告》等，互动性强，拉近了两会与百姓的距离，其中《H5|总书记，辽宁1.2万名驻村干部向您报告》获得中宣部阅评表扬。

弘扬雷锋精神，在第56个学雷锋活动日，新媒体推出系列全媒体产品。图解《这五次重要指示专门对咱辽宁说》、H5《雷锋地图》《雷锋在辽宁大数据重磅发布》《用你的手为雷锋敬献鲜花、擦亮墓碑》等产品，点燃了网友们了解雷锋、学习雷锋的热情，富有代入感、互动感和亲近感，实现了主流价值观的深度传播。

为推动兴起学习宣传贯彻十九届四中全会精神热潮，新媒体主动策划、创新形式，推出3款主旋律内容H5产品，通过新媒体手段让全会精神入脑入心。求快：《H5|学习贯彻党的十九届四中全会精神，辽宁行动快、掀热潮》第一时间汇总省委、省政府，省直各部门以及全省14市贯彻落实全会精神的安排部署、责任分工、目标任务，展现辽宁行动、体现辽宁速度、凸显落地力度。求实：《H5|收藏级！这本"学习口袋书"，辽宁党员干部群众必备》突出服务性、实用性、功能性，特别汇编了中央级媒体以及辽宁日报已经刊发的重要评论、理论文章等，并制作成"学习口袋书"供大家时时学、处处学、天天学，成为党员干部从辽宁实际出发学习贯彻全会精神的理论依据和有力抓手。求新：《H5|@所有人，这份来自基层干部群众的群聊记录火了！》以微信朋友圈"群聊"的方式，将全省各地基层党员干部"拉"到一个群里，"听"他们学习全会精神后的新感受、新期待、新使命，创新重大主题反响报道新模式。

为弘扬传统文化，推出"我们的节日"图解系列报道，以二十四节气、传统节日为重点，以可视化手段彰显中国传统节日的历史风貌、文化内涵和时代价值。通过精心设计让广大读者体验节日习俗、展现中国精神、增进文化自信，焕发爱党爱国爱社会主义的巨大热情，受到广大读者的欢迎。

此外，辽宁日报新媒体还制作完成原创系列报道《辽宁好人·一周图鉴》、视频《播绿者老侯》《H5|2019辽宁高考作文题发布，你还记得当年

的题目吗？》《快闪l1分钟了解辽宁扫黑除恶阶段性成果》《H5l王者or青铜？垃圾分类，测一测你的段位有多高》等，这些全媒体产品活泼生动、互动性强，均收到了很好的社会反响。

在硬件配套建设上，完善枢纽，启动中央厨房二期工程建设。辽宁报刊传媒集团全媒体指挥中心一期工程建设于2018年10月竣工并投入使用，建筑面积近1400平方米，集成引入大量新技术，构建全新的采编管理体系，对媒体融合起到重要支撑作用。根据集团推动媒体融合向纵深发展的需要，目前的中央厨房在容量、端口、功能等方面需要完善和拓展，已启动二期建设。主要目标是整合集团内部资源，统一规划，分步实施，集生产、发布、经营、考核于一体的智能化、数据化、移动化综合性管理平台，打通底层，数据共享，实现多平台、多终端一体化管理。

明确系统要求。以现有全媒体采编系统为核心，统一规划，统一技术标准，逐步开展集团内部其他平台建设。遵循业务为导向原则，提供实用技术为项目服务，系统设计满足未来融媒体发展需求。平台因具有良好的可维护性，简化客户端的维护，能适应业务逻辑的一般性变更。在设计规划、工程施工中要考虑平台的先进性与成熟性，考虑平台生命周期和发展趋势。在满足需求前提下，综合考虑建设成本、运行成本和维护成本，系统设计以现有网络、数据处理、安全保障等设施为基础扩展，对现有资源进行合理整合，做到充分利用。

满足功能需求。一是整合集团内部报媒资源，先进行内容整合，再设计生产流程，实现一体化管理，彻底打破各媒体、各部门之间的壁垒，真正实现资源共享、内容监控、产品汇集。二是整合集团所属期刊资源，建设内容流程管理与排版输出管理的一体化平台，统一标准，充分利用集团资源，解决期刊生产的稿件编辑、监管、传播分析、排版、输出、印刷等一系列问题。三是建设云平台，把集团内部资源与党政机关企事业单位的外部资源有机整合，做到技术、内容、渠道、用户、数据、管理的多元共享，新闻、党务、政务、服务、监管的资源共享，利用大数据、云计算、微服务等组件化技术，建成平台统一、用户统一、数据统一、管理统一、运营统一的媒体云平台。四是以直播间建设为龙头，丰富视频产品生产，在技术上满足多机位录播、直播，多场景切换，在应用场景上满足党务政务服务、新闻发布、访谈等节目制作需要。五是建立考核体系，制定管理制度与统计模型，解决融媒体产品评价和稿酬分配难题。

那么，在一系列系统性改革创新举措的支撑下，我们到底拿出什么样的作品和产品、怎么样拿出作品和产品，从而体现坚持党性原则、体现内容为王？比如，2020年是决胜全面建成小康社会、决战脱贫攻坚之年，辽宁日报在做好常规报道的同时，立足辽宁，创新表达，推出大型全媒体新闻策划《大地情书》，通过五个村级样本的生动呈现，反映了在全面建成小康社会的过程中，辽宁乡村的深刻变迁，在改革转型、产业发展、乡村治理、乡风文明、美丽乡村建设中的生动实践，既充满地域风情和文化气息，又体现出对时代和社会发展的深度思考。每一篇稿件都精心打磨，既有故事性、情境感又有独家的观察与思考，文字鲜活生动，版面设计极具创新与巧思，充满亲和力和感染力。

就叫新村①

蒹葭苍苍，白露为霜。

看完了红海滩秋天的惊艳景致，入冬之后去盘锦，还可以再赏苇花。

"蒹葭者，芦苇也，飘零之物，随风而荡。思绪无限，恍惚飘摇，而牵挂于根。根者，情也。相思莫不如是。"

如此相思之情，在"亚洲最大湿地"盘锦随处可见，绕阳河两岸即是如此。

我们要去的国家级美丽乡村示范村——盘山县太平街道新村，就在绕阳河东岸。

村名就叫新村，这种起名的方式很"东北"。东北的地名，就像东北人说话一样，充满了幽默感和泥土味。佟二堡、杨家杖子，葫芦泡、獐子岛、葡萄沟……姓氏、动物、植物，都能拿来当地名。

看似土气的地名，其实有章有法，直接随意里，也能看出一个村庄的来历。比如那些"堡子"，都是有过驻军屯垦历史的地方；那些"杖子"，生动地反映了"闯关东"时期移民以架木杖子据地生活的情景。

"新村"之名，来自并不算太远的上世纪70年代。

今天新村的所在之处当时还是一片荒芜之地，因为有了国家"开发南大荒"的号召，有了知青建起的青年营以及后来从全国各地招户来的移民，才让这片土地有了人气、有了生机。

新村周边几个村的村名，也可见这段历史的更多端倪——大荒村、甜

---

① 高爽：《就叫新村》，《辽宁日报》2020年12月23日，第4-5版。

水村……完全可以想见，让千百年来盛产芦苇的盐碱地成为今天盛产优质水稻和河蟹的富足之地，这里的人们曾经有过怎样的付出！

一个"新"字，是对这个将近400户、1500口人的小村庄文化特质最为精准的描绘。

……（以下正文略）

这是全媒体报道的一个范例。该系列报道通过全媒体呈现，实现多平台传播。2020年12月21日至25日，《大地情书》在辽宁日报及"两微一端"陆续推出。正式推出之前，先在新媒体平台陆续推出预热海报、宣传片和视频混剪片，《大地情书》和核心宣传语"我们把情书写在大地上，你的笑容，就是小康的模样"反复出现，让报道未发先热，不断放大策划的传播效果。每一期报道都以文字稿与6分钟左右纪录片形式呈现，作品制作精良，体现出较高的文化品位，充满对乡土的敬意、对大地的深情。每一期稿件在辽宁日报发表时，均在一版显著位置发布导读，并以通版形式刊发，配二维码，读者可以扫码观看纪录片。版面制作充满巧思，每一期的主色调都取自所报道村庄的真实风物，分别是大梨树村"干"字碑上的"干字红"、东兴村农家玉米楼子上的"玉米黄"、新村绕阳河岸边的"芦苇棕"、北甸子村边界林樟子松的"松树绿"、水泉村花海里的"菊花紫"。主图设计采用"手绘＋具象＋二次元"的形式，全景式展现村子的日常生产生活形态。丰富的版面语言让多彩乡村从意象落到视觉上，大气恢宏又庄重灵动。纪录片同样乡土气息深厚，充满生活情趣。既有无人机航拍的全景画面，也有村民日常生活的实时跟拍。从田间到大棚，从地头到炕头，劳作的辛苦，丰收的喜悦，对生活的向往，乐观幽默的生活态度，都通过画面深情传递。

全媒体报道迅速击中受众动情点，舆论反响强烈。五篇《大地情书》在受众中产生强烈反响，辽宁日报"两微一端"的累计浏览量超过百万次，总评论数达到上千条，腾讯、今日头条、学习强国平台等移动端平台纷纷转载或开设专栏进行转发。所报道村庄及所在县、市反响尤为强烈，阜新日报全文转发《第三个梦》，盘锦发布、铁岭党建、彰武融媒等多个市县的官微在第一时间推送相关稿件。读者普遍评价这组报道"有思想、有意境、有情感；有高度、有深度、有热度"。报道令农村群众感到振奋。《第三个梦》主人公之一的李万权说："报道说出了我的心里话，写出了我们的精气神，特别感动！"东兴村驻村第一书记李丹阳将稿件全文转发到村里的公众号上，村党总书记吴艳良在转发稿件时感慨地说："一篇文章写尽农民艰辛！"稿件呈现出的新农村新面貌引发了不同身份、不同职业读者的共鸣。有中央电视总台记者在留言中说："这是一封有故事、见人生、映时代的'情书'，一封记者走出去、走下去、走进去的'情书'；这是这片黑土地上人们获得感、幸福感、安全感最生动的掠影、最多彩的写照。这份新时代的大地情书别有情深意重。"省农业农村厅工作人员表示，"作为农业从业者，从报道中感受到了'十三五'期间辽宁农村生产生活的变化，也增强了我们工作的信心"。基层村干部说："还从来没有党报能把这么大的篇幅留给普通的农村群众，这样的视角让人感动。"很多读者也对辽宁日报记者的采访作风和文风给予肯定。有读者说："报道用文学笔法塑造了可观可感、情感丰富的人物形象，改变了读者以往对党报宣传报道'见事不见人'的固有印象。"网友"蜡笔小新"留言说："在来历不明的句子和煽情滥词成灾的当下，这几篇情书写在了人的心跳上。"

我们深刻地认识到，互联网时代，媒体舍得花大力气做深度报道是罕见的，也是需要勇气和定力的。《大地情书》的实践再次证明了"慢功出细活"这句老话，在快餐化、碎片化产品遍布网络的时候，新闻作品不仅要有短时传播性，更要有长久留存价值。当人们回望全面建成小康社会这一伟大征程时，《大地情书》所展现的乡村振兴壮美画卷一定会被更多人反复阅读，成为一份时代记录。

再如，思想观念短板，是习近平总书记2018年9月考察东北和在深入推进东北振兴座谈会上深刻指出的东北存在的"四个短板"之一。东北要解放思想、锐意进取，是总书记作出的重要指示、提出的明确要求。辽宁日报记者紧紧围绕总书记重要讲话精神，通过深入调研、了解情况，直陈东北、辽宁部分党员干部在解放思想中存在的问题与不足，既深刻剖析根源，又提出努力方向。稿子刊发后反响强烈，在今日头条、网易、东北新闻网等平台上引发热议。数百网友就这一话题展开讨论，"说得透彻""此文写得好""没有统一就没有思想，那是思潮"等好评之声不断。这篇评论也获评辽宁日报月度十佳作品，并荣获第三十届中国新闻奖二等奖。有专家点评：解放思想是个老话题，但作者写出了新观点，言辞犀利、见解独到、论述深刻，如"没有思想而谈解放，要么假解放，要么乱解放""思想的桎梏要用思想的武器来打破"等字句均令人警醒。一篇小文，既见作者深入实际的脚力、洞悉问题的眼力，又见理论武装的脑力、驾驭文字的笔力。

解放思想，首先得有思想①

"解放思想，首先得有思想"，今年的省两会上，一位政协委员在分组讨论时的发言，引起在场者的共鸣与热议。笔者认为，这也是我省深入开展"解放思想推动高质量发展大讨论"的基础与关键。

"明者因时而变，知者随事而制"。所谓解放思想，就是要摆脱主观偏见、习惯思维、条条框框的禁锢与束缚。如果将解放思想比作"开闸放水"，前提要"库存充盈"。没有思想而谈解放，要么假解放，要么乱解放。

思想的桎梏要用思想的武器来打破。今天的辽宁，正处在发展关键期、改革攻坚期、矛盾凸显期，尚未解决的老问题与从未遇到过的新问题彼此关联、交织叠加，我们只有以党的创新理论为根本遵循、行动指南，才能心中有灯、脚下有路。这就要求我们，必须将习近平新时代中国特色社会主义思想，将总书记关于辽宁振兴发展重要指示精神，作为提升能力的"教科书"、开展工作的"导航仪"，如饥似渴、脚踏实地，反复咀嚼、悉心揣摩。当前，个别党员干部在学的过程中只满足于零打碎敲、浅尝辄止，未能悟透蕴含其中的时代背景、精神实质、核心要义，造成落实

①刘立纲：《解放思想，首先得有思想》，《辽宁日报》2019年2月12日，第1版。

新发展理念、推进高质量发展概念化、口号化，"身子已进入今天，脑子仍留在昨天"。这种情况下，怎能登高望远、弄潮驭势，又何谈解放思想、转变观念？

储备思想，还需要在书本中学、到实践中学。如果我们不掌握马克思主义哲学，就难以用全面的、系统的、普遍联系的眼光看待本地区、本单位、本部门的工作；如果我们不读些经济学著作，就难以从原理上明晰供给与需求、市场与政府的关系，难以自觉地按客观规律办事；如果我们不博览世界史、中国史、党史、改革开放史，就难以在"放眼寰宇""纵观千载"中明所从来、知其将往；如果我们不钻研专业知识，就难以构建与岗位相适应的认知体系；如果我们不走进基层"大课堂"，就难以在纷繁复杂的现实中找到重心、瞄准靶心。这些，都是解放思想的源头活水，务必学而不已，持之以恒。

有科学家说，妨碍人们创造的最大障碍，并不是未知的东西，而是已知的东西。在全面振兴新故相推、危机并存的紧要关头，在这个知识"半衰期"迅速缩短、"折旧率"不断提高的变革时代，我们每个人，特别是各级领导干部，唯有以"不日进则日退"的紧迫感为自己"充电蓄能"，才会有大胆试、大胆闯的勇气与本领，才会以思想之变引领行为之变、发展之变。

再如，在新中国成立70周年之际，辽宁日报新媒体首次推出交互式H5《辽宁跨越·蝶变》，在用数字呈现辽宁70年来各领域发生的化蝶之变的

同时，更加注重读者的互动、参与性，运用多种可视化手段让数据与文字
"跳"出来、"动"起来，画面惊艳、文字灵动、数字跳跃、风格大气。
"一镜到底"的画面设计打破了手机空间的限制，几分钟内就让用户通过
手指点击"读"完70年的沧桑巨变，画面延展如画卷，数字跳跃有节奏，
视觉上也更有层次感，寓深刻时代之变于趣味观赏互动中，以媒体融合的
创新表达充分展露了在与新中国同频共振中辽宁70年跨越的巨变锋芒。产
品创新主旋律报道表达方式，以先进技术为支撑、以优质内容为根本，充
分体现出技术与内容的深度融合。超长图设计集信息传播、用户体验、差
异化互动、社交分享等多重功能于一体，聚焦读者和用户的思想共鸣点、
情感共通点、价值共生点，唱响主旋律、弘扬正能量、振奋精气神，为受
众带来全面立体、身临其境、震撼人心的沉浸式阅读体验。这款几分钟就
能"读"完的H5产品，背后是近两个月的策划、整理和制作。产品形式
独特、主题突出、互动性强，实现了内容与技术的完美统一。阅读过程犹
如游走于画中，在为用户带来沉浸式体验的同时，也将辽宁70年巨变以活
泼、有趣的方式进行广泛传播，引发共鸣、效果显著，是以新媒体手段传
播重大主题报道的一次有益尝试。作为辽宁日报向新中国成立70周年献礼
的重磅新媒体作品，产品通过辽宁日报"两微一端"发布后以其以独特的
呈现形式、视觉传达和互动技术成为爆款产品，全网阅读量在1小时内就突
破万人次，网友留言近千条。网友普遍认为，产品以省级媒体的视角全面
展现了新中国成立70年来的波澜壮阔，形式新颖、创意独特、技术精湛、
互动性强、参与度高，是一个有高度、有情怀、有意义的融媒体产品。

又如，在内容上突出特色，做强做优内容。经济日报聚焦各地落实习近平经济思想的生动实践，主打深度调研报道。在一版推出"践行习近平经济思想调研记"系列深度报道，由编委和采编部门主任带队，深入基层，深入一线。2020年以来，先后推出《柳州惊奇》《齐鲁不凡》《阿佤新歌》《吉林问粮》《西宁赋绿》《南阳重耕》《威武祁连》等深度调研系列报道，并同步进行新媒体报道与转化。该报道获得10多亿次阅读量、近万次转载，其中一些篇目形成亿级阅读量。地方党委政府致函编辑部表达强烈共鸣，许多专家、读者纷纷来信来函表达感想……引发很大社会反响。推出调查版，调查报道已成为日常报道的重要组成部分，在自有平台和第三方平台均取得了较好的传播效果。集中资源做强评论，引领形成正确看待和引导经济问题的舆论共识。没有言论，版面无魂；没有言论，报纸无神。编委会集中优势资源，推动版版有评论，争取篇篇都精彩。在一版开设《经济论坛》专栏，以"金观平"就重大经济政策、重要经济话题及时表态发声，澄清误解误读，凝聚最大共识。2020年11月3日，蚂蚁金服上市被按下"暂停键"，引发各方猜测和议论。经济日报第一时间在客户端刊发《蚂蚁集团暂缓上市彰显保护投资者利益的坚定决心》，明确定调"此事彰显了资本市场的严肃性"，并向市场发出明确信号——"各参与主体必须尊重规则、敬畏规则，谁也不能例外"。该短评发出后，4小时内总阅读量超过6000万，打消了市场疑虑，凸显中央媒体正本清源的"压舱石"作用。为10多名中青年记者开设《市场监管》《三农瞭望》《科创之声》《国际经济观察》等专栏。这些专栏文章紧跟舆情热点，敢于发声亮剑，形成了品牌效应和社会影响，涌现出《再谈恒大"盖楼式"造车》《臆断"中美经济增长竞赛"纯属炒作》等一大批立论扎实、观点鲜明、文风鲜活、说理透彻的优秀评论。其中，《广告法能否啃动"椰子"壳》一文在微博微信客户端及学习强国平台等，阅读量达9000多万。

再如，主流媒体纷纷入驻短视频平台，不仅在内容上有所坚持，做到"守正"，而且在形式上注重突破，着力"创新"。可以说，全媒体时代，形式之美是吸引受众的重要一环。近几年，短视频社交平台（如"抖音"、"快手"等）纷纷崛起，许多传统主流媒体（如"人民日报"、"人民网"、"新华社"等）也纷纷入驻短视频社交平台，以加强自身与新媒体技术的融合程度。"人民网"抖音官方号作为主流媒体的官方账号，在内容选择和人物形象呈现上，侧重正面报道和正能量叙事，突出主流社会价值观导向。兢兢业业在岗的民警、教师、科学家，无私奉献的消防员、军人、民众等，都是"人民网"抖音号经常关注的对象。对不同岗位的人的正面事迹的报道，除了能带来正向的社会影响外，也能够给受众带来情感上的抚慰，稀释受众在日常生活中所积累的压力和戾气，营造更和谐的社会氛围。抖音平台充斥着娱乐化的内容，主流媒体要在海量娱乐的信息中，吸引到稀缺的受众注意力，视频内容就需要具备更强的冲击力。而常见的手段有娱乐化叙事、情感化叙事、反常化叙事和视觉化叙事。作为主流媒体，"人民网"抖音号选择了情感化叙事这一受众吸引策略，取得了较好的受众反响。同时，情感化叙事让受众更好地与报道对象产生共情，使得视频内容取得更好的传播效果。"人民网"抖音号更多地以一种平民视角进行叙事，大多选择不知名的小人物，选取报道人物平凡人的一面进行报道，如展现"刚参军的新军与父母依依惜别的一面"。而在视听手段上，大多采用第一人称视角，同时采用抖音热门音乐片段作为背景音乐，很好地提高了受众的接受度和贴近感。相比于传统的说教式叙事，这样的叙事手段可以更好地消除受众与主流媒体间的隔阂，取得受众的信任和喜欢。"人民网"抖音号十分注重对国家强大形象的塑造，无论是对国家科技发展、军事储备的展现，还是对国家现代化城市形象、军人形象的展现，都流露出一种大国情怀。对国家强盛国力的展现，提高了受众的民族自豪感和社会认同感。

形式上的创新还有各种表现样态：如，开展重大主题宣传，新闻媒体在坚持内容为王的同时，也要强化形式美也是传播力的理念，在新闻内容的视觉呈现上下功夫，打好眼球争夺战。在庆祝中国共产党成立100周年宣传中，主流媒体纷纷推出报纸特刊、网络专题，力争实现形式新颖、灵活生动的宣传效果。7月1日当天，解放军新闻传播中心不仅在《解放军报》推出了40个版的"庆祝中国共产党成立100周年特刊"，带给读者全面的视觉冲击，同时注重发挥新兴媒体与传统媒体的融合优势实现报网互动。中国军网推出H5产品《解码百年大党制胜密码，军报特刊给你答案！》和VR产品《解放军报庆祝建党100周年特刊》，将传播内容予以绚丽呈现。报纸推出特刊，网站同步进行视觉呈现升级再造，解放军新闻传播中心这一融合传播模式，已成为提升重大主题宣传质效的成功范例，值得其他军队主流媒体借鉴。

又如，新媒体舆论场众声喧哗，作为党中央机关报办的微博如何发声？微博运营团队努力传承人民日报的使命感和责任感，建立健全政治学习、信息沟通、业务研讨等制度，多次组织"如何壮大主流思想舆论"、"如何维护真实性"等专题讨论。大家把"人微言重"四个字作为自警，写在办公室的黑板上。工作一旦出现差错，哪怕是一个错别字，也会"较真"。这个团队绝大多数是青年党员，微博粉丝也以年轻人居多。按照中央领导同志提出的"三贴近"方针、报社领导提出的"在融合中引导，在引导中融合"的要求，坚持以平等、平和的态度与网友互动，有时也会采用一些"网言网语"。高考成绩公布，及时发声："人生的答案不该只是大学。四年后你在乎的也许不再是分数，而是怎样成长为一个最好的自己。"强化创新活力，将"政治敏感、新闻敏感和技术敏感"并列为必备素养，与人民网一起创办报网融合实验室，参与自主研发"社交媒体聚合管理系统"，以更好完成党和人民交给的任务。目前，人民日报法人微博在人民、新浪、腾讯网上的总粉丝超过1800万，逐步在微博平台形成权威、理性、亲和的形象。

通过上述分析，我们对于在媒体融合过程中坚持党性原则可以得出以下主要认识。

首先，切实增强意识形态领域主导权和话语权，特别是新媒体领域的意识形态领导权。今天，影响意识形态安全的内外因素比历史上任何时候都要复杂，意识形态安全风险挑战增多。从外部风险看，随着中国日益走近世界舞台中央，中国发展遭遇到的国际挤压越来越大，面临的国际竞争、矛盾越来越多。并且，伴随着世界百年未有之大变局加速演变，我们面临的风险挑战更加错综复杂。发展进程中的这些风险挑战也许并不都属于意识形态安全风险挑战，但是它们基本上都会通过意识形态较量或斗争表现出来，有些甚至会直接转为意识形态安全事件。从内部风险看，随着我国发展进入新的历史阶段，社会深刻变革，各种矛盾不断积累，诱发社会冲突、社会动荡的风险点增多增密。随着社会主要矛盾的变化，人们各方面的需求更多，要求更高，选择更多，思想观念差异性更大，因而诱发社会激烈争论、价值观分化冲突、舆情事件的风险点增多增密。从风险特点看，来自内部外部不同领域的意识形态安全风险相互交织、高度联动，不仅意识形态内部不同类型的安全风险极易相互作用、相互转化，而且意识形态风险本身也极易演变为政治风险或其他风险，从而引发系统性安全风险。

今天的媒体环境中，主流媒体、传统宣传管理方式面临着新媒体新技术的挑战。随着新媒体快速发展、新技术不断革新，媒体格局和舆论生态发生了深刻变化，国际国内、线上线下、虚拟现实、体制内外等各种界限愈益模糊，形成了更具有自发性、突发性、公开性、多元性、冲突性、匿名性、无界性、难控性等特点的"大舆论场"。主流媒体发挥主导作用遇到前所未有的挑战。互联网已经成为舆论斗争的主战场，成为负面舆情发酵、错误思想传播的策源地和放大器，舆论引导和内容管理的难度增大，传统宣传管理方式越来越难以招架。此外，借助于新技术，新媒体正在不断重塑意识形态的生产权、分配权、传播权、话语权。按照马克思的分析，支配着物质生产资料的阶级，同时也支配着精神生产资料，作为思想的生产者进行统治，他们调节着自己时代的思想的生产和分配。统治阶级或执政集团主导一个社会意识形态的生产权与分配权。传统的意识形态生产权、传播权和解释权都掌握在党和政府手里，形成了"金字塔"式话语生产模式。但时至今日，互联网、大数据和云计算等新技术催生大批自媒体和自媒体从业者，正在造就一个新的社会阶层，同时新媒体技术造成意识形态内容的生产、传播权力下移，一些新媒体自媒体从业者开始染指意识形态生产和传播权力，一些实力雄厚的"精英""网络大V"甚至能直接主导相关议题、舆论走向。

要高度重视传播手段建设和创新。传播力决定影响力。任何思想理论只有广泛传播才能产生更大影响、发挥更大作用，意识形态建设在一定意义上就是传播能力建设。随着网络新技术新运用新平台的迅猛发展，信息传播和获取越来越快捷，谁的传播手段先进、传播能力强大，谁的思想理念和价值观念就能广为流传，谁就能在掌握话语权上占据主动。这几年，我们积极应对传播形态、传播格局深刻变革带来的挑战，统筹推进国内国际传播能力建设，不断创新传播手段、开辟传播平台、拓展传播渠道，基本形成了多层次、立体化的现代传播体系。尤其是，我们大力推动传统媒体和新兴媒体融合发展，把发挥传统媒体内容优势和新兴媒体传播优势紧密结合起来，努力实现优势互补、共同发展，我国媒体传播能力得到了大幅提升，为巩固壮大主流思想舆论赢得了战略主动。要认真总结近年来创造的新鲜经验，坚持以推进传统媒体和新兴媒体深度融合为重点，深入推动传播手段建设和创新，努力实现我国整体传播力量的跨越式发展。媒体融合发展，关键是融为一体、合而为一。要坚持正确舆论导向，进一步创新工作理念思路，深化媒体内部体制机制改革，拓宽传播平台载体，强化人才支撑和政策保障，推动传统媒体和新兴媒体尽快从"相加"迈向"相融"，打造一批形态多样、手段先进、竞争力强的新型主流媒体和新型媒体集团，提高新闻舆论传播力、引导力、影响力、公信力。

要切实加强网络建设和治理。互联网是意识形态工作的主阵地、最前沿。现在，意识形态领域许多新情况新问题往往因网而生、因网而增，许多错误思潮也都以网络为温床生成发酵。做好意识形态工作，必须把互联网建设管理运用作为重中之重，切实过好互联网这一关。要加强互联网内容建设，做大做强网上正面宣传，改进创新网上正面引导，广泛开展网络公益活动，最大限度地激发网络空间正能量，使积极健康的内容多起来、向上向善的氛围浓起来。要走好网上群众路线，善于通过网络了解民情民意，主动回应网民关切，解疑释惑、凝聚共识，更好构筑网上网下同心圆。应当认识到，网络空间是亿万民众共同的精神家园。网络空间天朗气清、生态良好，符合人民利益；网络空间乌烟瘴气、生态恶化，不符合人民利益。要本着对社会负责、对人民负责的态度，坚持正能量是总要求、管得住是硬道理，依法依规加强网络空间治理。要建立网络综合治理体系，调动各方面力量，发挥各方面积极性，形成网络治理的强大合力，特别要把强化互联网企业主体责任和管理部门监管责任结合起来，分清责任边界，确保责任落地，走出一条齐抓共管、良性互动的新路。要坚持把党管媒体原则贯彻到新媒体领域，所有从事新闻信息服务、具有媒体属性和舆论动员功能的传播平台都要纳入管理范围，所有新闻信息服务和相关业务从业人员都要实行准入管理，统一导向、统一标准、统一尺度，推动形成清朗的网络空间。

其次，要把以人民为中心的发展思想贯穿到内容生产、工作作风、人才培养等各个方面。其一，在内容生产过程中坚持正确导向，提高新闻作品的引导力。"为人民服务"是坚持以人民为中心的发展思想的重要组成部分。在互联网迅速发展的新时期，新闻媒体从业者要想更好地推动事业的发展，推动社会的进步，需要更好地践行以人民为中心的发展思想，同时在思想上坚定党的领导，做到统筹全局、协调各方。在进行新闻作品生产的过程中，从业者要着力提升自身政治素养和文化素养，在对国家大政方针、政策的解读过程中，既要保证正确，又要用自己的独到见解来帮助受众了解国家政策、各项活动的进程状况以及国家的未来发展动向，让受众做到心中有数。要坚持弘扬主旋律，在不同时期不同阶段提前进行选题策划，与受众进行双向互动，把握用户需求。在提高作品质量和水平的同时注重增强传播的感染力，以此来提高新闻作品的引导力。其二，坚持从群众中来到群众中去，讲好百姓故事。文化的作用在于具有强大的凝聚力，新闻舆论工作作为党的事业的重要组成部分，在凝心聚力方面能起到引领作用。为更好地带领人民，鼓舞士气，在进行新闻舆论工作的过程中，要坚持从群众中来到群众中去，讲好百姓故事，也就是要树立以人民为中心的工作导向，把服务群众同教育引导群众结合起来，把满足需求同提高素养结合起来，多宣传报道人民群众的伟大奋斗和火热生活，多宣传报道人民群众中涌现出来的先进典型和感人事迹，丰富人民精神世界，增强人民精神力量，满足人民精神需求。坚持以人民为中心的工作导向，新闻舆论工作者要保证写出"有温度"的作品，就必须坚持"三贴近""走转改"，真正做到俯下身、沉下心、察实情、说实话、动真情。只有真正做到戒除浮躁、远离功名利禄，静下心来，带着对人民群众的真情实意去采访，写出动人心的作品，才能够有好的宣传效果。要与群众进行深度沟通、深度交流，挖掘出广大人民群众内心最真实的想法，从平凡人的生活中寻找突破口，写出有感染力的作品，提高人民群众的精神品位。其三，要培养"全能型"新闻舆论工作者。伴随着信息化技术不断发展，信息量也在飞速增长中，大数据已经愈来愈频繁地应用于实际生活之中。新闻生产由传统的单一纸质出版向网络数字化形式转变。但万变不离其宗，不论何时，也不论形式如何变化，都离不开具有专业素质的新闻人才。为更好地推动行业的发展，提高从业人员的素质能力是刻不容缓的任务。要成为一名出色的新闻舆论工作者，首先需要有较强的政治意识，要充分了解国家各项方针政策、法律条款，要保证国家和人民的利益不受损，只有如此才可以更好地把握大局，生产出符合社会发展方向的内容。其次，要有"全心全意为人民服务"的意识。互联网时代要坚持"为人民服务"的意识，要学会站在群众的角度去思考问题，只有这样才能够创作出符合群众要求的内容产品，吸引群众注意，使得产品价值得以实现。最后，要具备一定的创新能力。创新能力在大数据时代是新闻舆论工作者急需的一种能力，转变传统观念，不断进行创新，有利于提高内容产品的传播力和影响力，为中国特色社会主义发展奠定坚实的精神基础。

打造"四全媒体"，推进高质量融合。互联网作为现代信息技术的集大成者，就传播的角度而言，对于媒体的影响无疑是革命性和颠覆性的，它使得多种媒体技术实现了有效的融合，极大地推动了媒体的发展。"四全媒体"是习近平总书记面对媒体格局新变化提出的一个新概念，首次对全媒体时代下的媒体形态从不同层次和不同角度予以了十分形象的阐释，明确指出了今后一段时间媒体融合发展的方向目标。"四全媒体"建设是传统媒体转型升级、破茧成蝶一次难得的发展机遇，也是坚持党性原则必须要解决好的一个重点课题。全程媒体是指从事件的开端到最终的结果，媒体都能为读者进行跟进报道；全息媒体是指信息的传播方式不再是简单的图文，而是音频、视频等都在报道过程中得到广泛使用，给读者带来全新体验；全员媒体是指人人都能成为信息的传播者和接受者，都拥有对事件的话语权；全效媒体是指媒体传播的分众化特征更加突出，能够更加高效地对受众进行传播和收集信息反馈。综合来看，"四全媒体"的发展，对应着媒体传播力、引导力、影响力和公信力的提升。其一，要树立"四全媒体"建设理念。"四全媒体"建设要求各个媒体应深入分析把握全媒体时代的新闻传播规律和媒体发展规律，顺应媒体融合发展必然趋势。要深刻理解"四全媒体"内涵，坚持"四全媒体"建设发展方向，牢牢把握"内容为根本、技术为支撑"这两个关键点，应势而动、乘势而上，改革创新管理体制机制和模式，推动资源整合、流程优化，实现技术应用、内容信息、管理手段共通共融。其二，要准确掌握"四全媒体"的全程、全息、全员、全效4项基本特征，努力学习新知识新技术，不断提高新本领新能力，在工作实践中富于创造性、把握时代性、增强规律性。其特征要求我们要壮大主流思想舆论，让主流价值影响力更大，就必须在全方位、全过程、全员、全面传播中，创新理念、方法、内容、手段，实现传播效果最大化。其三，要深刻把握科学理论对媒体发展的指引作用，切实增强系统思维和整体效应，将传播力、引导力、公信力、影响力贯穿于新闻生产和传播的全流域和全过程，增强媒体融合发展的责任感、使命感和自觉性，为建设具有强大实力、竞争力和影响力的"四全媒体"提供强大的支撑。其四，要推进媒体高质量融合。要创新传播手段，牢牢把握主流舆论话语权。为受众提供真实、客观、准确、观点鲜明的新闻信息，是主流舆论的职责使命，"四全媒体"全面反映了当今全媒体发展的复杂态势，面对新媒体冲击，要想做大做强主流舆论，必须运用互联网思维，改革内部体制机制，吸引跨学科、熟悉互联网技术的专业传媒人才，对信息内容进行整合创新，优化传播效果。其五，要加强新媒体产品的研发、孵化以及应用开发。通过打通传统媒体与新媒体之间在经营管理以及内容生产等方面存在的壁垒，搭建多元化的媒体平台，促进自身转型升级、融合发展的成功实现；应积极利用AR、VR等新技术，进一步提高新闻报道内容的表现力，借助新技术大力打造满足不同受众偏好和适合不同媒介形式的产品体系；应加大对人工智能技术、大数据技术等先进技术的应用力度，建立属于自己的大数据资源平台，通过历史数据导入、互联网采集、远程汇聚等多种方式,将互联网资源、内部资源以及第三方资源都汇聚到大数据资源平台,更加准确地了解和把握受众诉求,再进行"分众化投放产品服务",把合适的信息及时、精准、智能地提供给受众,以满足不同受众、不同情境下的需求,以便能够最大限度黏住受众、真正发挥自身传播潜力,并使媒体与受众之间的互动成为一种新常态、新业态;借助自身品牌优势寻求与具有数据资源优势的互联网企业的合作,来实现对数据资源的共同开发、共同利用等,推进媒体融合向纵深发展。

再次,要全力建成新型主流媒体,扩大主流价值影响力版图。习近平总书记要求,要抓紧做好顶层设计,打造新型传播平台,建成新型主流媒体,扩大主流价值影响力版图,让党的声音传得更开、传得更广、传得更深入。在信息生产领域,也要进行供给侧结构性改革,通过理念、内容、形式、方法、手段等创新,使正面宣传质量和水平有一个明显提高。在新技术驱动下的媒体格局变革,对主流媒体而言是一个发展机遇。在传媒业发展史上,每一次技术升级都是一次媒体格局重新洗牌的机会。从印刷技术到电子技术的革新,使得广播、电视先后成为重要媒体。进入互联网时代,从2G到4G的技术发展,相对应的媒介形态也由文本发展为图片进而到视频应用,由PC互联网发展为移动互联网,由门户网站发展为社交媒体。当前,5G通信技术和智能传播刚刚起步,这是双重的技术变革机会,也是我国主流媒体抓住历史机遇的关键时间节点。要建成新型主流媒体,不能停留在原有的技术逻辑层面来思考问题,而需要依据新技术发展逻辑,在理念、内容、形式、方法、手段等方面推进创新。也就是说,只有那些适应新技术发展模式的主流媒体才能获得发展机会。另一方面，新型主流媒体由一个个不同的介质和平台构成，要考虑主流媒体的多介质多平台的功能定位。媒介发展史其实就是一部媒介功能逐渐分化的历史。最早只有印刷媒介，整个社会所有的信息都依赖报纸等印刷品；广播电视等电子媒介的出现，分化了印刷媒介的功能；电脑、手机等互联网载体的出现，更进一步分化了传统媒体的信息传播功能。面临技术发展带来的功能分化，传统媒体需要的是找准哪些功能还有存在价值、哪些功能已经被取代、哪些新功能需要开发。移动互联网正在分化原有的媒介功能，在融合大潮中要有清醒定位，继续停留在原有的媒体功能认识状态中，是无法真正理解媒体融合内在规律的。对于任何传播主体而言，包括移动通信技术在内的新媒体技术的发展都是一个全新课题。例如，我国移动通信技术经历了从2G跟随、3G突破到4G同步发展的过程，并有望在5G时代实现赶超，成为全球引领者。引领是开创性的，没有现成的经验可资借鉴。为此，进一步加强未来信息技术的研究，探索"互联网+"模式下媒体将会产生怎样的变化，以及如何有效进行监督管理是十分必要的。如果主流媒体能够进行前瞻性的预判和研究，用主流价值观驾驭新的传播技术和手段，就能够有效提升信息传播水平和舆论引导能力。这就是主流媒体面临的历史机遇。从理论上讲，受众对于传播者所传播的信息无障碍、无歧义接受，才能使传播效果最大化和最优化，达到"扩大主流价值影响力版图"的目标。首先，这要求主流媒体在媒体融合过程中重视新媒体互动性强的特征，建立受众意见反馈监测系统，及时了解舆情民意以及受众对于某个事件、某个问题的看法，进行有效的引导，避免出现舆论畸变。其次，主流媒体同时拥有订户资源和已开发的新媒体用户资源，而将这两方面的用户数据打通，深入分析、挖掘其社会价值，通过融合后的媒体去吸引、服务用户，才能进一步提升传播效果和社会效益。进入全媒体时代对各类媒体而言本就是一个重大的机遇。全媒体时代使得信息无处不在、无所不及、无人不用，深刻重塑了媒体形态和传播模式，也为更好开展宣传思想工作打造了更为便利的传播环境。根据"正能量""管得住""用得好"这三方面的总体要求，实现"扩大主流价值影响力版图"的目标，可以从五个方面作出努力。一是做好顶层设计。从推广"中央厨房"到建设县级融媒体中心，国家政策的陆续出台，为各级媒体融合指明了转型方向与融合细则。二是坚持正确的政治方向、舆论导向、价值取向，推进信息生产领域供给侧结构性改革。主流媒体要唱响主旋律，加强网上正面宣传，同时还要不断加强传播手段和方式创新，提高正面宣传的质量，实现舆论宣传效果的最大化和最优化。三是主流媒体要掌握舆论场主动权和主导权，敢于引导、善于疏导。在复杂的网络舆情中，主流媒体要主动担当，敢于亮剑，做到激浊扬清，以正视听。四是使全媒体传播在法治轨道上运行，全面提升技术治网能力和水平。在一体化发展的同时，监管部门要发挥治理主体作用，重视一体化管理。要顺应互联网发展规律，对于大数据等新技术，既要主动拥抱、积极应用，也要注意防范和应对技术带来的风险，用主流价值导向驾驭"算法"。五是把握国际传播领域移动化、社交化、可视化的趋势，构建对外传播话语体系，提升对外传播效果，讲好中国故事，提升国际话语权。

最后，全媒体时代的主流媒体要坚持内容为王。全媒体时代，内容为王的理念不但没有显得过时，反而依然是媒体以"不变"应对"万变"的重要法宝，以优质内容为基础，再加上便捷的渠道，这是媒体行业最根本的生存之道、制胜之道，而坚持党性原则也主要是通过内容得以贯彻和表现出来的。渠道、技术的改变丰富了信息传播和接收的方式，使内容为王具备了新的特征，形成以内容为核心，以渠道、技术、产品为路径的全新格局。其一，"学习+"创新媒体能力。全媒体时代的内容为王应着重培养媒体能力，提高信息获取、理解与整合等能力。培养媒体的内容获取能力，及时梳理民意，夺取和掌握话语权，在社会热点的快速反应、深度分析、有效引导上有新突破，用良好的语言系统营造舆论气场，从而做到引导舆论、留住受众。培养媒体的内容理解能力，以新的角度和方法对新闻后期处理，力求在时政新闻的权威发布、深度发掘、精准解读上有新提升，提高网络易传性，找到传统媒体和新媒体发布的结合点。培养媒体的整合能力，加强新闻整合策划，创新节目栏目形态，创新语言表达方式，通过对已经形成的内容进行二次整合，达到全新的呈现效果。培养媒体的发现新知能力，关注新生事物，善于对客观世界进行"新"的打量，捕捉新事物、新现象、新动态，进行深入解读，满足公众需求。其二，"平台+"创新传播方式。全媒体时代的内容为王应打造终端平台，实现内容与平台的融合，借助推出个性化多平台移动终端，实现信息的统一采集、合理分类、科学处置、数据处理以及多载体分发，打造以信息技术为轴心的跨界思维的"新产品";要让优质内容通过多个端口多次发布,从而实现全媒体时代的多样性传播;要发挥全媒体大数据优势,结合微博、微信公众号及各类短视频APP,实现多样化的对外精准传播;运用移动终端促进内容呈现的多终端化,通过对内容进行重新编辑,以回看、点播等形式让受众自由选择。其三,"应用+"创新互动模式。全媒体时代的内容为王应充分运用新媒体的优势,创设交互场景,将高品质内容服务作为切入点,实现受众与平台之间的高度联通,为受众提供独树一帜的高品质内容服务。在多元传播环境下,受众呈现出分众化、碎片化的特征,不同年龄、不同地域、接受不同教育的人们对媒介形式有着不同的选择和喜好,受众体验成为内容为王首先要考虑的因素。针对受众的不同需求,以受众为核心,充分运用数据挖掘技术,分析受众需求与兴趣点,以有针对性的信息推送,达到内容上的超前创新,以差异化、分众化的服务满足用户需求。

结 语

　　面对新的国际国内环境、经济技术条件和新的传播格局，如何把新闻工作党性原则具体化并坚持好、落实好，是党管意识形态、党管媒体的重要任务。无论传统媒体如何艰难，也无论新媒体如何翻新，无论主流媒体如何壮大，也无论新兴媒体如何发展，我们都要始终坚信，所有新闻媒体都是党和政府的耳目喉舌、执政工具。虽然今天的媒体具有政治属性又具有产业属性，但政治属性是第一位的、最根本的属性，这就从根本属性上对新闻媒体及新闻舆论工作有了"定盘星"。与此相应，新闻媒体主要领导的任命权、重要资产的配置权、重大事件的决策权以及新闻宣传内容的终审权都在党组织的领导之下，也就是我们常讲的"党管媒体"。

　　传播什么样的内容、具备怎样的内容品质，是新闻舆论工作党性原则的直接反映。首先，必须善于传播主流价值观。社会主义核心价值观是当代中国社会的主流价值观，是新闻宣传必须始终突出的核心内容。要通过主题主线宣传、典型人物报道、舆论监督等形式传播主流价值观。要把党和国家工作大局作为新闻宣传工作的重点，聚焦中国梦、中国道路、中国制度、中国精神、中国力量。要以主流价值观的传播为取向，创新报道内容和形式，创造出有温度、接地气、带露珠、有吸引力的作品，使得新闻宣传既引领舆论又鲜活好看。其次，要努力表达思想观点。思想观点是媒体的旗帜和灵魂。思想观点蕴含的是思考的品德，不只是介绍事件及其意义阐释，而是全方位多层面地解剖特定背景下重大事实的报道。媒体的思想观点是对新闻事件的点评，必须依据事实并超脱事实，以寓情于理的点评占领新闻宣传的政治制高点、道义制高点、法理制高点、民意制高点，以思想和理论作为武器，来"点燃新闻"。最后，要精心设置议题。议题设置是媒体组织舆论、反映舆论、引导舆论的重要举措，是引导舆论的一种关键能力。议题设置的主旨在于主动培育舆论热点，把握舆论主导权，通过有目的地设计主题或活动，突出宣传正面内容，营造主流强势，将受众的注意力引导到预期方向上来，形成积极向上的舆论场景，让受众于潜移默化中获得启示，接受引导。

同时，坚持和落实新闻工作的党性原则必须追求传播的有效性。要变"灌输"为"互动"。首先是主客体之间的互动。新闻宣传的主体要与受众这一客体有效互动起来，通过互动交流的方式传播引导舆论。第二是传播和引导之间的互动。传播引导舆论的过程中，通过与受众的互动，了解受众的思想倾向，有的放矢地引导和传播。第三是传播与诉求互动。任何一种社会价值观，只有反映、实现民众的利益诉求，才能得到民众的认同。因此舆论引导要与满足和反映人民群众合理诉求互动起来。要变"抽象"为"形象"。新闻事件、思想观点，只有被人民群众理解、掌握，才能达到宣传和引导的目的。因此必须将新闻舆论，转化为具有普遍性的价值观念和社会共识，让广大群众理解和接受，进而自觉遵循。

各级党报党刊、电台电视台要讲导向，新媒体也要讲导向。管住用好新媒体，一是要努力实行融合传播。目前，我国县级融媒体中心基本建立，初步形成了以广播电视台为主体、整合域内传播媒介而成的统一平台，融合传播的优势开始显现，做到了既高效经济，又防止了杂音，下一步还要进一步深化完善。二是要有切实可行的统一标准和办法。在媒体管理、新闻宣传管理上，无论传统媒体还是新媒体，只能是一套标准、一个办法，不能有"法外之地"，不能"新人新办法，老人老办法"。三是要加强舆情监测与处置，积极主动开展舆论引导。要健全完善网络舆情常态监测制度和突发舆情应急处理机制。安排人员全天候进行网络舆情监测，及时发现舆情并妥善处理。进一步强化网宣网评工作，加大正面舆论宣传力度，以强大的正面宣传，挤压负面新闻舆论的生存空间，积极抢占网络阵地。

后　记

本书坚持以习近平新时代中国特色社会主义思想为指导，对习近平总书记关于新闻舆论工作的重要论述进行了系统梳理和把握，坚持用辩证唯物主义和历史唯物主义的立场观点方法，坚持逻辑与历史相统一、理论与现实相统一、理性与情感相统一、内容与形式相统一，深入阐释新时代新闻党性的丰富内涵、精神实质、重大意义、实践要求，揭示其对马克思主义新闻观的丰富发展。研究视角从国内联系到国际，从历史延伸到现实，对涉及新时代新闻党性这一问题上存在的认识误区、困惑疑问或争论的热点进行了多角度、多层面的辨析，论述中引用大量具体的故事、事件和实例，提出了一些创新观点，具有重要的学术价值、理论价值和应用价值。

本书是辽宁省"兴辽英才计划"项目《新闻舆论工作的"党性原则"及其实践研究 》的重要成果之一。为推进该项目研究，辽宁报刊传媒集团（辽宁日报社）于2020年成立了课题组，由辽宁报刊传媒集团（辽宁日报社）总编辑、辽宁省"兴辽英才"计划哲学社会科学领军人才田学礼担任课题组组长，成员主要由辽宁日报经济新闻编辑部主任刘立纲、一级首席记者史冬柏，集团人力资源部高级经济师李悦组成。课题组坚持在读原著、学原文的基础上，注重调查研究，在策划、执笔、审改、统稿等各环节严谨工作、精益求精。在研究过程中，课题组陆续推出了有关新时代新闻党性的阶段性成果，如在《理论界》发表了《新时代新闻舆论工作党性原则的理论逻辑》等文章，受到学界业界人士的广泛关注和好评。《新时代新闻党性研究》一书在理论上包含了一系列重要观点，有助于从学科和学术层面厘清概念、理清逻辑、廓清迷雾、澄清结论，从而助力新闻舆论工作在新时代更好地坚持党性原则，把体现党的主张和反映人民心声统一起来，把坚持正确导向和通达社情民意统一起来，体现对党负责与对人民负责的一致性。该成果在实践上以辽宁日报的具体案例为重点分析对象，兼及其他新闻媒体的最新经验做法，认真研究新闻传播现状和趋势，对新闻舆论工作者具有较高的参考价值和借鉴意义，有助于广大新闻舆论工作者创新观念、创新内容、创新形式、创新方法、创新手段。

在本书写作和出版过程中，得到了新华社辽宁分社原社长马义等新闻出版界领导、专家的大力支持和帮助，在此一并致以诚挚的谢意。

由于成稿时间和认识水平等因素所限，本书对新时代新闻党性的研究还不够系统、不够深入，恳请广大读者批评指正。

课题组

2023年2月